DR. HOUSE

GUÍA PARA LA VIDA

Toni de la Torre
DR. HOUSE
GUÍA PARA LA VIDA

Incluye las mejores frases del médico más
tosco de la televisión

Título de la obra:
Dr. House Guía para la vida
© En el 2007 por Tony de la Torre

© ARA LLIBRES, S.L.
Corders 22-28
08911 Barcelona

De esta edición
© Editorial Alfa Futuro S.A. de C.V., Enero 2010
Pestalozzi, 810-1 Col. Narvarte
México D.F., C.P. 03020
www.alfafuturo.com.mx

Primera edición en México: Enero 2010
Segunda edición en México: Febrero 2010
Tercera edición en México: Marzo 2010
Miembro de la Cámara Nacional
de la Industria Editorial No. 3566
ISBN: 978 607 7886 22 8
Diseño de portada: Diego Juan Plessy Torres
Fotografía de portada: latinstock
Características tipográficas aseguradas conforme a la ley.
Impreso y encuadernado en México.
Printed and bound in Mexico

Para la única persona que no me fallará jamás...

¡para mí!

Índice

TEST: ¿Cuánto de House hay en ti?......................11

Parte I
Yo y yo mismo

1. Yo soy House 16

2. Un par de días buenos.......................................19

3. Las personas mienten, los perros no 22

4. El principio del mal humor................................25

5. La realidad está por debajo de mí......................28

6. El oportuno peso de los errores 31

Parte II
A corazón abierto

1. Esperando la llamada de Stacy 36

2. Siempre es demasiado tarde... 39

3. ... Excepto para el orgullo.................................42

4. El escudo del guerrero 45

5. El complejo de Rubik 50

6. El perrito lastimado, guau, guau........................53

7. Una atracción fatal 58

8. Corazón roto 61

Parte III
Jugar a ser Dios

1. Grandes hombres, grandes retos 66

2. Tácticas de ausentismo 69

3. Nunca se es demasiado sincero 72

4. Para el pueblo, pero sin el pueblo 75

5. Si tu bajas, yo subo 78

6. A preguntas absurdas... 81

7. Compararse o morir 84

8. Nunca es suficiente 87

Parte IV
Elemental, mi querido House

1. Todo maestrillo tiene su librillo 90

2. Ver lo que nadie puede ver 93

3. Las frases de House 96

4. Recetando música 123

Agradecimientos 127

TEST: *¿Cuánto de House hay en ti?*

Este es un libro de autoayuda, ¿pero te va a servir de verdad? ¿Cuántos libros que te prometían la felicidad compraste antes y acabaron en el bote de la basura? Antes de perder tiempo y dinero en la adquisición y lectura de esta guía que tienes entre manos, te recomiendo que contestes, lápiz en mano, las siguientes preguntas...

1. En una discusión alguien te lleva la contraria.

a) Claro que me la lleva, ¿y quien no me la llevaría? ¡Soy patético!

b) Vamos a hablar, que hablando se entiende la gente.

c) Intento convencerlo de mi tesis... a puñetazos.

d) ¿Qué más da? Al final se hará lo que yo diga.

2. Te encuentras un vecino esperando el elevador...

a) Subo con él y hablamos del mal tiempo.

b) Lo saludo con un «hola» y subo por las escaleras.

c) Subo con él en el elevador con los audífonos puestos y no me los quito hasta que bajo.

d) Subo con él en el elevador, no digo nada, y al bajar le suelto: «Su mujer le pone los cuernos».

3. Cuando te invitan a un cumpleaños:

a) ¡Por fin una oportunidad para conocer gente!

b) Oh-oh... hay que comprar un regalo, ¡qué fastidio!

c) Iré a la hora del café, cinco minutos y fuera.

d) Estaría mejor en casa viendo un DVD.

4. Llegas a la oficina y tu compañero de mesa no te responde los buenos días.

a) ¿Qué le habré hecho? ¡Seguro que está enojado conmigo!

b) Debe estar dormido aún, voy a saludarlo otra vez.

c) Pues está claro, no le dirijo la palabra nunca más.

d) Perfecto, así me ahorro tener que tratar con él.

5. Si te comparas con los demás...

a) Me entra una depresión horrible.

b) Veo que me queda mucho por mejorar.

c) Todos tenemos nuestros defectos, pero ellos más.

d) Sólo con Dios siento que podría salir perdiendo.

6. Tu jefe te pide que le lleves un café...

a) Voy corriendo a buscarlo y lo pago con mi dinero.

b) Le llevo uno de la máquina de la oficina.

c) Le indico amablemente dónde queda el más cercano.

d) Le doy dinero y le digo que me traiga uno a mí también.

7. La mesera te trae el cambio mal a su favor...

a) Es igual, déjalo. Que se lo quede, no importa.

b) Se lo pido tímidamente, espero que no se lo tome a mal.

c) Me pongo a gritar que es una estafadora y la pongo en ridículo.

d) No pasa nada, no todo el mundo tiene estudios.

8. Yo he tenido la culpa de mis fracasos amorosos.

a) Sí, siempre me equivoco y lo hago todo mal.

b) Un poco sí, pero él/ella también tuvo su parte de culpa.

c) No, fue él/ella, que me dejó tirado como a un perro.

d) Dejarla no fue un fracaso, sino una victoria.

9. En el gimnasio un/a chico/a atractivo/a te mira enroscando los ojos...

a) ¿Llevo la bragueta abierta?

b) Se le debe haber metido algo en los ojos.

c) Esperaré a que lo repita antes de atreverme a hablar con él/ella.

d) ¿Un/a chico/a dijiste? Normalmente son varios.

10. Buscas un taxi de madrugada para volver a casa...

a) Jamás lo encontraré, tengo el destino en contra.

b) Me saldrá mejor volver a pie.

c) Le quitaré el taxi al primero que pueda.

d) Yo no busco a los taxis, los taxis vienen a mí.

Mayoría de D: Gregory, te dije que tú no podías hacer este test, que era sólo para los lectores.

Mayoría de C: Podrías seguir sin este libro, pero un poco de filosofía House no le sobrará nunca a tu vida.

Mayoría de B: Cómprate el libro ya.

Mayoría de A: Cómprate el libro YA y, además, haz de él tu libro de cabecera, subráyalo y toma notas.

PARTE I
YO y YO MISMO

1. Yo soy House

El doctor altruista, amable fue el protagonista de varios y exitosos programas de TV desde los años cincuenta. Hoy en día, el que triunfa es un doctor grosero, cínico y desagradable que responde al nombre de House. No se trata de una comparación casual, sino de un ejemplo del cambio que se ha producido en los perfiles protagonistas en las series de televisión.

No hace tanto tiempo, los héroes de los niños eran criaturas amables y bondadosas sin ningún defecto, que hacían todo lo posible para llevar la paz y la armonía al bosque. Ahora, nuestros hijos alucinan con las aventuras de personajes orientales con hábitos desagradables y sin ninguna inhibición. El personaje blanco, correcto y eminentemente bueno está en franca decadencia. Ya no hay defensores del bien como McGyver o la Reportera del Crimen. La bondad aburre al espectador.

Ahora funcionan las emociones fuertes, los personajes agrios, capaces de manipular a los demás y utilizarlos para sus intereses. Ellos son los hijos bastardos del J.R. de *Dallas*, la mala leche elevada a la máxima potencia, y de entre ellos, el primogénito avanzado es el Dr. House. Con sus aires de eminencia y su irritante tendencia a creer que siempre tiene razón, el buen doctor va sacando a todo el mundo de sus casillas con sus comentarios ácidos sobre la naturaleza humana mientras cojea con su bastón por los pasillos del hospital y se toma una pastilla tras otra (sin agua, ni nada) de su querido Vicodin.

Pero a pesar de ser un individuo maleducado, tosco, arrogante, solitario y con muy mal carácter, es sorprendente la cantidad de suspiros femeninos que provoca el pomposo Dr. House. Aunque la mayoría reconocen que convivir en la vida real con este negrero sería un auténtico infierno, las mujeres no pueden evitar encontrar arrebatador a tan singular médico. Quizás sea por su brutal honestidad a la hora de tratar a los pacientes, por sus firmes convicciones y por su estilo desaliñado (camisas mal planchadas, barba de tres días...) que encaja bien con su cojera y su áspero carácter, así como un mal disimulado espíritu rebelde que se dibuja en su rostro las pocas (muy pocas) veces que sonríe.

¿Serán sus frases lapidarias? ¿Será su carácter asocial? Las mujeres no pueden resistirse al encanto de House. Pero los hombres tampoco: a ellos les gusta el carácter transgresor del personaje, sus comentarios racistas, su tendencia casi patológica a menospreciar a la mujer, el cinismo y la crueldad que exhibe diagnosticando a sus pacientes y, sobre todo, el efecto de admiración y respeto (que no cariño) que inspira entre los que le rodean.

Todo ello ha generado un fenómeno singular: un notable número de hombres intenta parecerse a House en su vida cotidiana para ver si se les pega algo de su descomunal encanto. Desde hace algún tiempo se viene detectando por la calle a una nueva estirpe de machos que van igual de descuidados, contestan con exabruptos, no se afeitan y van alardeando de sus conocimientos en alguna materia de su especialidad. Algunos incluso cojean, ignoro si los más osados se han vuelto adictos al Vicodin.

Sin embargo, ser majadero lo puede hacer cualquiera, pero tener una vida malhumorada es un arte para el que sólo están preparados unos pocos. Pues no basta con tener un mal día: hay que conseguir que todos sus días sean pésimos. Sólo viviendo una vida llena de amargura y mal humor, logrará parecerse (aunque sea de lejos) al genial Dr. House.

2. Un par de días buenos

Y con ello, vendrá el éxito. Las mujeres lo adorarán y los hombres querrán parecerse a usted (aunque ambos lo suspiren en secreto). Puede ser que gracias a la receta del Dr. House por primera vez en mucho tiempo se sienta usted un triunfador; un ganador atípico, claro, pero es que el perfil de héroe amable y sincero ya hace tiempo que ha fracasado. El caballero ya no intenta salvar a la princesa, sino a sí mismo; el antihéroe sin escrúpulos es el modelo que arrasa en la televisión. Y también en la vida real.

Por supuesto, habrá usted leído infinidad de libros en los que aseguran haber encontrado la fórmula mágica para encontrar la felicidad. El mismo House le ha echado un vistazo a alguno de ellos, pero los rechaza a todos. Su motivo es bien sencillo. Para ser distante y tosco hay que estar amargado. Estar amargado es, en realidad, lo que le dará la felicidad y éxito en la vida, no la búsqueda de la felicidad misma, que no lleva a ninguna parte.

Es lógico que piense que su objetivo en la vida es ser feliz. Centenares de cuentos infantiles, tradiciones milenarias, escritos filosóficos y prejuicios culturales le han orientado para que persiga la felicidad aunque ésta sea algo cercano al

Santo Grial, aunque lleve colgada de ella una etiqueta con la palabra utopía y además sepa que millones de personas en la Historia la han buscado sin éxito antes que usted.

Sin embargo, para House la felicidad está sobrevalorada en detrimento de la amargura. La búsqueda de felicidad no nos lleva a la consecución de la felicidad. Necesitamos en realidad infortunios, desgracias, tragedias, catástrofes, crímenes, pecados, delirios y peligros en nuestras vidas. Y si no los tenemos nos los inventamos. ¿Por qué? Porque la felicidad es en realidad aburrida. Imagínese un coro de ángeles posando sonrientes en una nube y verá cómo pronto bosteza; observe entonces cómo esos mismos ángeles discuten, se traicionan y sufren los unos por los otros, y sentirá cómo se conmueve.

EJERCICIO

Haga una visita al zoológico. Observe a los animales que hay allí y advierta que tienen todas las necesidades cubiertas: los alimentan sin ni siquiera pedirlo, están protegidos contra las enfermedades y no deben tener miedo a los depredadores, pues su vida ya no es una cuestión de supervivencia. Pueden relacionarse con los de su especie y vagar libremente por un entorno (limitado, eso sí) adaptado a sus necesidades. Sin embargo, ¿esos animales son felices? ¿No es cierto que se encuentran en un estado de hastío y sopor infinitos? Imagínese ahora el efecto de la felicidad en un ser humano.

Llenar a un ser humano de felicidad es el camino más rápido para aburrirlo, hundirlo en el tedio y dejarlo en un ahogante estado de sopor depresivo. No hay nada más difícil de soportar que una serie de días buenos seguidos. Sin dificultades no podemos ser felices. La verdadera felicidad, el auténtico éxito que tanto persiguen los libros de autoayuda y realización personal, reside entonces en el arte de llevar una vida amarga. En esta guía se encuentran todos los trucos de House para conseguirlo. Puede tomárselos medio en broma o medio en serio, pero seguro que encuentra en ellos algo de usted mismo.

Recuerde...

La búsqueda de felicidad no le llevará a la consecución de la felicidad.

---

3. Las personas mienten, los perros no

Una de las reglas básicas para la vida de la filosofía de House es que todo el mundo miente. Para él, la mentira es una condición intrínsecamente humana. Está convencido de que nadie dice la verdad, lo cual lo lleva a no confiar en nadie que no sea él mismo. Esto lo lleva a apartarse de todo el mundo, especialmente los enfermos. Odia a sus pacientes y no siente el más mínimo interés por sus problemas personales, a no ser que tengan una relación directa con el diagnóstico.

Dr. Foreman: Deberíamos hablar con la paciente antes de dar un diagnóstico.

Dr. House: ¿Es doctora?

Dr. Foreman: No, pero...

Dr. House: Todo el mundo miente.

Dra. Cameron: Al doctor no le gusta tratar con los pacientes.

Dr. Foreman: ¿Acaso no es para eso que nos convertimos en doctores?

Dr. House: No, somos doctores para tratar enfermedades, tratar pacientes es el inconveniente de esta profesión.

Por supuesto, tal creencia no es gratuita. La desconfianza hacia los demás proporciona a House (y también a usted cuando acabe de leer este libro) grandes y profusos momentos de amargura. Porque si no confía en nadie significa no nada más que se encuentra solo para tomar cualquier decisión o pasar una situación difícil, sino que todos los que le rodean pueden intentar hacerle daño adrede. Este pensamiento asegurará más momentos de amargura, así que debe intentar generarlo con pensamientos negativos.

Por regla general es muy útil basarse en una mala experiencia del pasado. Si alguien en el pasado le hizo daño, no intente buscarle una explicación, concéntrese en esa persona, en las circunstancias de ese momento y convénzase de que éstas (y no usted mismo) son las únicas culpables de su conflicto. De este modo, la posibilidad de volver a pasarlo mal no dependerá de usted, sino de la aparición de estas personas-circunstancias, y podrá temer libremente que éstas se puedan repetir sin responsabilizarse de ello. Debe desconfiar de las circunstancias y estar atento a su aparición para poder evitarlas, aun cuando sepa que esta vez no le van a proporcionar dolor, sino alegría.

EJEMPLO:

Había una vez un hombre que cruzaba los pasos de peatones pisando sólo las rayas blancas. Cuando un día le preguntaron por qué, él respondió que era para que no lo atropellaran. Según parece, un día lo embistió un camión justo cuando pisaba fuera de las rayas. Por supuesto, el hombre nunca se cuestionó si debía haber mirado antes de cruzar la calle, y aún menos si las rayas eran las culpables de su infortunio. Desconfiaba de las rayas y punto. El ejemplo le puede parecer absurdo, pero piense en la mujer que desconfía de todos los músicos porque un trompetista le fue una vez infiel, el vendedor que agarra la escopeta cada vez que un negro entra en su tienda sólo porque una vez uno de ellos le robó o en el país que invade al vecino sólo porque le inspira desconfianza.

Recuerde...

Desconfíe siempre de los demás. Si no tiene argumentos para ello, invéntelos.

4. El principio del mal humor

Sin embargo, apoyarse en una experiencia del pasado para generar desconfianza hacia los demás es algo que puede hacer cualquiera. Los auténticos maestros no necesitan de una experiencia amarga para crear conflictos. Son capaces de persuadirse de que todo lo que les sucede es malo para que les acabe sucediendo lo peor. En realidad, es fácil generar una buena dosis de desconfianza hacia los demás si uno se lo propone.

¿No le ha ocurrido nunca que alguien le grita sin un motivo aparente? ¿No es cierto que muy a menudo su jefe lo regaña de forma desproporcionada sin que usted no haya hecho nada en concreto? Cuando esto ocurra, procure sobre todo no buscar ninguna razón y cargue usted con las culpas. Esta actitud le procurará una buena dosis de molestia que luego podrá volcar en el primero que se cruce con usted (probablemente uno de sus subordinados). Así lo hace House con Foreman, quien se queja a menudo.

Foreman: ¿Por qué me molesta?

House: Siempre lo hago... ¿hoy ha sido peor?

Foreman: Sí, eso me parece.

House: ¿En serio? Pues eso elimina el racismo. Eres igual de negro que la semana pasada.

Como bien reconoce House, no es necesaria ninguna razón para «molestar» a los demás. Podemos generar desconfianza hacia el otro y aumentar nuestro mal humor contra él sin ningún argumento, sólo uniendo una larga cadena de casualidades negativas en las que damos a esa persona un papel decisivamente negativo. Posiblemente la víctima se sienta desconcertada y se muestre asombrada, incluso es probable que haga declaraciones de inocencia, pero todo esto no hará más que demostrarle que tenía razón. Usted depositó todo su cariño y confianza en esa persona y una vez más abusaron de su bondad.

EJEMPLO:

Había una vez un oficinista que quería engrapar unos papeles, pero a pesar de tener una engrapadora se había quedado sin grapas. Pensó en pedírselas a su compañero de mesa. Pero le asaltó una duda: «¿Y si no me las presta? Esta mañana no me saludó al llegar. Quizás estaba muy ocupado, ¿pero y si es que no me quería saludar? ¿Y si está enojado conmigo? Yo no le he hecho nada. Si alguien me pidiera grapas, yo se las daría... ¿Cómo puede alguien a negarse a hacer un favor como este? Individuos como él le fastidian a uno la vida. Y hasta creerá que dependo de él. Sólo porque tiene unas grapas». Así que el oficinista se levanta y se dirige a la mesa de su compañero para soltarle: «¡No necesito tus malditas grapas, imbécil!».

Si insiste con esta práctica pronto descubrirá que hay millones de cosas negativas en su vida que conspiran contra usted. Cuando va al banco siempre encuentra más cola de la que es normal, siempre se encuentra los semáforos en rojo. Si observa bien, encontrará un culpable para todas y cada una de estas casualidades. Cuéntelo a sus amigos. Si tratan de convencerle de que son imaginaciones suyas, desconfíe de ellos también.

Recuerde...

El mundo conspira contra usted, haga todo lo posible por encontrar a los culpables.

---

5. La realidad está por debajo de mí

Crear argumentos, como decíamos en el capítulo anterior, tiene sus peligros, como que de pronto éstos choquen contra la realidad. Por ese motivo, House ha desarrollado un método infalible para darle la vuelta a cualquier cosa que contradiga nuestras hipótesis: creer que uno siempre tiene razón y los demás siempre se equivocan. Supeditar la realidad a nuestra conveniencia no sólo dará solidez a nuestra desconfianza, sino que nos dará nuevas y brillantes oportunidades para sentirnos desdichados.

«Resulta que tus opiniones no dan buenos resultados. Te aconsejo que uses las mías.»

Dr. House al Dr. Foreman

Si uno se acoge a su propia opinión como la única posible, pronto se dará cuenta de que el mundo va de mal en peor, ya que nunca nada será como usted quiere y encontrará quejas y problemas por todas partes. Sin embargo, no renuncie jamás a su opinión y conviértala en su estandarte vital, aunque la realidad intente hacerla pedazos. Cuando la opinión de uno se ha convertido en algo tan importante en su vida, no está dispuesto a resignarse, así que deberá seguir para siempre fiel a sus convicciones, renunciando a cualquier tipo de negociación con la realidad, es decir, ignorándola.

No se limite a ver cómo es la vida, imponga su opinión sobre ella. Avance como un navío por las aguas del tiempo con paso imperturbable, conviértase en un atormentado espíritu de contradicción que sabe cómo debe ser el mundo pero que no puede hacer nada por cambiarlo. Por supuesto, esta creencia excluye la posibilidad de estar equivocado, puesto que su opinión está ahora indisolublemente ligada a la verdad.

Teniendo la propia opinión como la única válida pronto se encontrará solo, abandonado y único al mismo tiempo, sujeto a su creencia de cómo debería funcionar el mundo, y profunda e injustamente incomprendido. Si consigue lograr un auténtico sentimiento de aislamiento e incomprensión, la amargura que tanto anhela está asegurada, pues ahora se encuentra luchando solo contra el mundo, siendo el único capaz de ver la realidad.

Por supuesto, si uno cree en sus propias opiniones como si fueran las únicas posibles, aceptar otra opinión es poco menos que una autotraición, un engaño inadmisible a sus propias convicciones. Así que por nada del mundo acepte que hay otra visión posible que no sea la suya.

House siempre niega las opiniones de sus subordinados, cosa que los irrita notablemente (apunte aquí un positivo efecto secundario de esta técnica).

Dra. Cameron: Usted siempre tiene razón y los demás somos idiotas.

Dr. House: Es que no creo que yo sea idiota y todos los demás tengan razón.

Esta suficiencia resulta muy atractiva porque respira una seguridad en uno mismo casi aplastante, lo cual resulta muy sexy. Además, de este modo House refuerza su propia visión sobre el mundo y niega la entrada a cualquier interferencia o influencia que no sea de su agrado. Los verdaderos expertos en pisotear las opiniones de los demás llegan incluso a negar opiniones con las que están de acuerdo, aunque entren en contradicción.

Recuerde...

Rechace las opiniones de los demás, incluso cuando opinen lo mismo que usted.

---

6. *El oportuno peso de los errores*

Sin embargo, no siempre se puede esquivar la realidad y a veces no hay forma de ignorar que nos hemos equivocado. En el caso de tener que admitir un error, House aboga siempre por la culpabilidad máxima, un sentimiento que se agrava hasta límites insospechados en alguien que cree que nunca se equivoca. El error, entonces, ya no es sólo un fallo humano ni un golpe a su ego, sino una derrota de su yo más íntimo.

Convertir el error en una derrota personal le proporcionará horas y horas de lamentos y automenosprecio. No acepte que se ha equivocado y castíguese por ello. No sea amable con usted mismo cuando la fastidie, no sea condescendiente. En caso contrario, podría aprender de sus errores y entonces no podría repetirlos jamás. La sabiduría no consiste en descifrar dónde se ha equivocado, sino en asegurarse que repetirá el error para poder fustigarse con mayor ahínco la próxima vez y hacer su vida aún más amargada.

Puede convertir su error en un peso que tenga que arrastrar durante años e incluso puede atribuir sus futuros infortunios a «aquella vez que se equivocó». Los especialistas en los errores tienen todo el día en los labios frases como: «si no

31

hubiera» o «podría haber». Consideran que toda su vida se fue al garete a causa de ese error y se culpan a diario de haberlo cometido; aunque jamás intentan aprender nada de él, no vaya a ser que eliminen la posibilidad de volver a repetir ese mismo error en el futuro.

Esta forma de vivir el error tiene en House una doble utilidad, pues toda regla que se aplique a usted también se aplica a todas las personas que le rodean. Ellas también se equivocan, y también son culpables de sus errores. En vez de comprender que los seres humanos pueden equivocarse, reprócheles una vez tras otra su fallo, extendiéndose ampliamente en las consecuencias negativas que puede tener su error (especialmente aquellas que le afectan a usted mismo y a terceras personas). Oblíguelos a sentirse culpables y rotundamente fracasados pero no les explique en ningún momento cuál ha sido su error. Eso hará que pasen las noches en vela intentando averiguar en qué se equivocaron.

Stacy: Si Chase falló gravemente, ¿por qué no lo despediste?

Dr. House: Me gusta su pelo.

House maltrata constantemente a Chase por sus múltiples errores (uno de ellos acaba con la vida de una paciente) y se los recuerda a diario. Pero nunca lo despide. Para él, equivocarse tiene un precio, todos deben asumir la culpa y lamentarse por ello hasta el infinito. Recordar a Chase que se equivocó es la manera que tiene de humillarlo.

Los usuarios más avanzados del método House no sólo son capaces de decirle a alguien que se ha equivocado sin ni siquiera explicarle por qué, sino que pueden cargar a otra persona con un error propio, lastimando la autoestima de ésta y consiguiendo que se sienta culpable sin conocer los motivos de su equivocación.

Recuerde...

La sabiduría no consiste en aprender de los errores, sino en lamentarse por ellos.

> **

PARTE II

A CORAZÓN ABIERTO

1. Esperando la llamada de Stacy

Seguro que alguna vez ha oído la milagrosa frase de «el tiempo todo lo cura». Quizás se lo dijo un amigo el día que lo dejó su primera novia, puede que un hermano tras esa horrible discusión con mamá. Puede que esta famosa frase funcione bien dentro del universo de la sabiduría popular, pero en la peculiar filosofía de House el tiempo nunca cura nada, más bien es una fuente de resentimiento y culpabilidad constante.

En próximos capítulos hablaremos del futuro, pero ahora nos centraremos en el pasado. Para House el pasado siempre fue mejor que el presente, se ha convencido de que todo lo que hubo antes siempre fue mejor. No sólo en lo que a sus valores se refiere, sino sobre todo en lo que se refiere a su bienestar personal y su estabilidad emocional.

No importa que la pubertad y la adolescencia (y no hablemos de la niñez) sea una época de inseguridad, dolor existencial, angustia del futuro y todo tipo de traumas y falsos mitos que tardará toda una vida en arrancarse a base de terapia; el auténtico experto en la idealización del pasado conseguirá convertirlo en una época dorada a la que ya no puede volver, una oportunidad perdida por la que puede afligirse y llorar.

Sublime el pasado convirtiéndolo en un mundo rosa ideal y sufra porque éste no sea el presente. Añore el pasado y desee volver a la infancia, convierta el mundo anterior en un paraíso nostálgico de felicidad y laméntese de no poder dar marcha atrás. Sueñe con el pasado idealizado para encontrar el presente lo más miserable posible.

Por supuesto, la infancia es sólo un ejemplo. ¿Quién no ha conocido alguna vez a una de esas personas que son incapaces de olvidar una relación de pareja que ya terminó? Se aferran tanto al pasado con su pareja que lo idealizan, eliminando como por arte de magia todo lo que no les gustaba de esa persona. Ponen todo su énfasis en los aspectos positivos de la relación, convenciéndose de que era ideal y no encontrarán nada mejor. No dan crédito a los consejos de sus amigos que le confiesan que esa relación ya hacía tiempo que no funcionaba y que, de hecho, estarán mejor solos. Pasan las noches en vela esperando la llamada de esa persona y, por supuesto, si algún día empiezan una relación con una persona nueva escogen una idéntica a la anterior.

Como buen maestro de la infelicidad, House nunca ha podido olvidar su relación con Stacy, y aunque se meta con ella a menudo (y con su actual marido aún más a menudo) es obvio que él daría las dos piernas por volver con ella. Por supuesto, nunca lo va a admitir. «¿Creíste que yo no podría manejar eso?», le contesta a Wilson cuando éste le explica que ella ha vuelto a la ciudad. House nunca podría reconocer que necesita a alguien (eso lo pondría en una situación débil, como veremos en próximos capítulos) aunque viva pendiente —y atormentado— por recuperar esa antigua relación.

Recuerde...

Convierta el pasado en una época idílica que nunca se podrá comparar con el presente.

---

2. Siempre es demasiado tarde...

Contemplar el pasado como una oportunidad perdida no sólo le llenará de angustia sino que le dará la oportunidad de culparse por ello. Porque, ¿quién si no usted tiene la culpa de todo lo que ocurrió? Por supuesto, como ya todo forma parte del pasado, ya no puede hacer nada para resolverlo, pues «ya es demasiado tarde».Así que es usted libre de hundirse en la pena de haber fallado y ahogar sus errores del pasado con alcohol.

Dr. House: Vives con la ilusión de arreglar todo cuanto no es perfecto.

Dra. Cameron: Y usted vive con la ilusión de que nunca podrá arreglarlo.

Tal como señala la Dra. Cameron, uno de los puntos fundamentales de la filosofía para la vida de House es la creencia inquebrantable de que uno no puede arreglar sus errores, así que ni siquiera vale la pena intentarlo. Quizás crea que no ha cometido fallos muy grandes en su vida; pero de hecho, no tiene más que mirar atrás para encontrar alguna oportunidad perdida, cosas que debería haber dicho, personas que dejó marchar. Puede que si no hubiera pensado en ello a propósito no los habría vuelto a recordar, pero esa es precisamente la clave de esta técnica: la búsqueda intencionada de errores del pasado.

EJERCICIO

Cada mañana mírese en un espejo y pase una hora recordando todos los errores que ha hecho en su vida. Esta es una gran manera de llenar de color el día que empieza. Ahora que ha encontrado esa oportunidad perdida que ya no puede recuperar estará de acuerdo conmigo en que su vida hubiera sido distinta si no la hubiera dejado escapar, ¿verdad? No hay ningún motivo razonable para pensar que ahora sería más feliz; pero eso no importa, juegue con su imaginación y descubra por sí mismo todo lo que ha perdido: una pareja que le entendía y le apasionaba, un trabajo en el que se hubiera sentido realizado y bien pagado y una casa el doble de grande, con estacionamiento y mascota.

¿Se siente como si hubiera perdido el premio del gran concurso sólo por fallar la última pregunta? Pues tenga bien presente que el que se equivocó fue usted. Y por si saberse el culpable no fuera suficiente, convénzase de que su error no tiene marcha atrás, de modo que lo que hizo en el pasado va a determinar, lo quiera o no, el resto de su vida. Lo que hizo es demasiado grave como para arreglarlo, de modo que puede ahora convertirse en víctima del pasado y mortificarse con ello un día sí y el otro también. Responsabilice al pasado de su situación actual y no haga nada para cambiarla pues nada se puede hacer ya.

Si por alguna casualidad del destino resultara que tiene la oportunidad de resolver su supuesto error en el presente, convénzase de que ahora ya no vale, que es «demasiado tarde», pues admitir lo contrario supondría abandonar su posición de víctima y bajar de la torre de marfil de la indignación. No permita que se le curen las heridas, pues entonces ya no podrá seguir responsabilizando al pasado de todo lo que le ocurre y tendría que empezar a tomar las riendas de su vida.

Recuerde...

Responsabilice al pasado de todo lo que le ocurra, incluso de lo que le salga bien.

---

3. ...Excepto para el orgullo

A pesar de que el reencuentro con Stacy llega a afectar de veras a House, éste nunca le muestra a ella una voluntad auténtica de recuperarla. La trata de un modo agresivo, fruto de su resentimiento, y pretende acercarse a ella mediante comentarios de corte sexual.

Sin embargo, el espectador puede entrever en la expresión de su mirada una ternura que no es consecuencia de las feromonas, sino de algo mucho más profundo, aunque House jamás le confiesa este sentimiento a Stacy, pues pondría su orgullo en peligro.

El orgullo es, precisamente, uno de los grandes protectores de la filosofía de House, y es por ello que se merece una mención especial. Su orgullo es lo que hace que suponga en vez de preguntar e imagine en vez de descubrir. En vez de confesarle sus sentimientos a Stacy y comprobar si le corresponde, es mucho más inteligente intentar suponer qué es lo que ella siente a través de las pistas que se pueden descifrar de su comportamiento.

Eso le proporciona horas y horas de dolores de cabeza dándole vueltas incansablemente a las palabras de ella. ¡Y usted también puede hacerlo! Esté atento a todo lo que diga o haga la persona que le llama la atención: lea entre líneas todas sus decisiones, analice cada palabra letra por letra, interprete sus gestos, elucubre teorías y deduzca arriesgadas conclusiones; si puede ser, junto a una persona de confianza a la que pueda atormentar con su obsesión platónica. Hágase el encontradizo con ella para conseguir nuevas pistas para alimentar sus ansias detectivescas y vuelva a empezar otra vez. Pero sobre todo, no trate de preguntarle directamente lo que piensa o la emoción de la búsqueda se habrá acabado para chocar con la realidad (que él/ella ni siquiera se ha fijado en usted).

«¿Quieres llegar al fondo de esto? Lo estás haciendo muy bien: no hablas con los indicados y distraes a la gente de su trabajo para especular.» **Wilson** a **House**

EJERCICIO

Busque el número de teléfono de un antiguo amor al cual siempre quiso volver a ver y mándele un mensaje al celular invitándole a tomar algo un día de estos. Cuando resulte que esa persona no le contesta el mensaje, empiece a darle vueltas a los motivos que puede tener la ausencia de respuesta. Le recomendamos pensamientos como estos:

— Lo hace para hacerse del rogar, seguro que en cinco minutos me llama.

— Ya pasaron cinco minutos, a lo mejor es que no ha leído el mensaje aún.

— Media hora más tarde y no contesta, puede que esté en una reunión de trabajo.

— Podría tener el celular apagado, si no, ¿cómo no me ha contestado en una hora?

— Quizás le robaron el celular, o se quedó sin batería fuera de la ciudad.

— Si cambió de número, ¿por qué no me llamó para avisarme?

— Intenta darme la vuelta…, pues no sabe lo que se pierde.

— Pues ahora ya no quiero nada contigo. Total, ¡no me gustas!

Vuelva a enviar otro mensaje con renovada esperanza y repita la cadena anterior.

Recuerde...
En vez de averiguar la verdad, haga suposiciones e imagínese lo peor.

4. El escudo del guerrero

Dado que ahora sabemos que House sufrió mucho en el
pasado y que es víctima de él, el objetivo prioritario es no
volver a sufrir en el presente. Como hemos aprendido en el
capítulo anterior, las historias siempre se repiten (y empeo-
ran). Así que nada mejor que una buena coraza para mantener
a los demás a raya, no vaya a ser que encuentre la felicidad o,
peor aún, creara lazos profundos con otra persona (entonces
se convertiría en una persona vulnerable y su bienestar estaría en manos ajenas a usted).

«Lo que pasó en tu última relación no es motivo para que
aislarse de la gente para siempre. Cinco años de autocompa-
sión tal vez es suficiente». **Cuddy** a **House**

Todo mundo alguna vez ha revestido su entorno con una coraza
después de un desastre amoroso, pero sólo los auténticos genios
consiguen llevarla tanto tiempo como para que ésta quede pega-
da a su piel y olviden quiénes eran antes de esconderse. House
es uno de ellos. Sabe que sólo tras la frialdad y el cinismo de su
coraza va a estar siempre seguro del exterior, no vaya a ser que
las emociones encuentren un resquicio en su corazón y vuelvan a
hacerle daño, pues no lo podría superar. Así se lo cuenta Wilson a
Cameron cuando se entera de que ambos tendrán una cita.

Dr. Wilson: Yo… quiero asegurarme de que nadie salga herido.

Dra. Cameron: ¡Estaré bien! ¡Actúan como si fuera a salir con Jack el Destripador!

Dr. Wilson: Ha pasado mucho tiempo desde que él salió con alguien, y yo … No eres tú quien me preocupa. Es mejor que estés segura de que quieres esto, porque si él se abre otra vez y sale herido, no creo que haya una siguiente vez.

Dra. Cameron: ¿Te preocupa que le rompa el corazón?

Construirse una coraza dura y resistente no es fácil, pero si lo consigue se asegurará una desconexión emocional total, es decir, una sensación de soledad y una actitud victimista que lo acompañará allá donde vaya. Gracias a su coraza podrá enfrentarse con decisión a cualquier duda y moverse entre las relaciones humanas con fluidez, sin temor a que le causen ninguna herida. Pues si se equivoca, no se equivocará usted; si se indigna, no se va a indignar usted; si le hacen sentir triste, no lo sentirá usted; si alguien se enoja con usted, no lo tomará en serio; si le traicionan, no es por usted y si fracasa, fracasará su coraza.

Todos los golpes se los llevará su magnífica armadura que, además, puede construir del color y con la forma que quiera, de modo que puede ajustarla a los gustos de su entorno y cumplir —al fin— con la imagen que la sociedad espera de usted. Al fin podrá satisfacer las exigencias de su entorno, compañeros y familiares. Por supuesto, esta bella coraza también le impedirá vivir otras tantas experiencias, como aprender de sus propios errores, hacer nuevos amigos, apreciar la tranquilidad de un fin de semana en contacto con la naturaleza, conocer culturas diferentes o encontrar al amor de su vida. Pero vale la pena si a cambio le garantiza que no va a sufrir nunca más, ¿verdad?

Tiene usted que desempeñar una relación lo más cercana posible con la coraza, llevar su relación al extremo, hasta llegar al punto en que la necesite tanto como respirar y que no se vea capaz de relacionarse con el mundo sin ella. Esto sin duda le causará gratificantes momentos de amargura si algún día quiere sacarse la coraza de encima, ya que gracias a la coraza a partir de ahora vivirá la vida a través del miedo (de que alguien penetre su coraza, y en consecuencia, de parecer vulnerable ante los demás, siempre ansiosos de hacerle daño cuando usted ceda dos milímetros de su maltratado corazón).

EJERCICIO

Siéntese en la tina con el agua hasta arriba y empiece a recordar todas las veces que se ha sentido herido. Todas las veces que alguien le decepcionó, lo abandonó o le dijo algo que le hizo daño. Piense en todas las personas que se han portado mal con usted en el pasado. En general no ha sido necesariamente porque hayan querido hacerle daño, sino porque son tan humanas como todas las demás. Probablemente se equivocaron en la forma como le dejaron plantado o en cómo pusieron fin a su relación o en cualquier otra cosa, no porque quisieran hacerlo de esa forma, sino porque no conocían ninguna otra. Pero no importa, recuerde todas y cada una de sus palabras y deje que se albergue en usted el resentimiento, el pesar y la rabia. Deje que todas estas cosas le depriman y hunda la cabeza bajo el agua. El pasado se deslizará lentamente dentro de usted como un ácido emocional enfermizo que recorrerá su cuerpo dejándolo resentido y bloqueado. En vez de superar lo que ha pasado y seguir adelante, quédese estancado en el conflicto. Ahora prométase que jamás va a consentir que lo vuelvan a tratar así, llénese de odio y construya a su alrededor una coraza que le proteja de próximas situaciones dolorosas. Dentro de ella no volverá a tener miedo, así que procure no abandonarla nunca.

Estas son algunas de las recetas del Dr. House para mantener la coraza reluciente:

1. Tenga miedo constantemente, de cualquier cosa (como hemos visto en los capítulos 3 y 4, es fácil encontrar motivos para desconfiar y temer a los demás). Especialmente de que le hagan daño y a perder el amor de su pareja o el aprecio de personas cercanas.

2. Escóndase tras su inteligencia y muéstrese como un individuo eminentemente lógico y racional, nada inclinado a hablar, mostrar o incluso tomarse en serio las emociones. Imponga el carácter científico por encima de los versos románticos del poeta.

3. No se implique emocionalmente con nadie (House no lo hace ni con los pacientes ni con sus compañeros de trabajo). En el caso de tener que interesarse por alguien parezca siempre distante. Cultive un carácter frío hasta ser absolutamente insensible. Cuando ve a Cameron llorando es capaz de decirle: «No puedes ser tan buena sin estar loca».

4. Evite preguntas personales con un chiste. Muéstrese siempre evasivo y cerrado si alguien intenta que muestre sus sentimientos. Cameron le pregunta a House si ha estado casado y éste responde: «No arruinemos tan bella noche con cosas personales».

5. Recuerde todos los días los motivos por los que decidió esconderse tras la coraza. Vuelva a traer del pasado cada frase que le hizo daño y repítasela una docena de veces hasta que quede convencido que se está mejor dentro de la coraza que fuera.

Recuerde...

Para que no le hagan daño, lo mejor es encerrarse en un calabozo y tragarse la llave.

---

5. El complejo de Rubik

Otra forma de mantener una coraza sólida y aislarse eficientemente del exterior es lo que Wilson denomina «el complejo de Rubik». El compañero de House utiliza este paralelismo con el rompecabezas para explicar qué tipo de médico es House: «Hay muchos doctores que tienen complejo de Mesías, o lo que es lo mismo, necesitan salvar el mundo. Tú tienes complejo de Rubik: necesitas resolver el acertijo». **Dr. Wilson al Dr. House**

Wilson utiliza la palabra «rompecabezas» para ilustrar la manera como House ve a sus pacientes (no como personas, sino como enigmas, verdaderos retos mentales). Esta visión científica y deshumanizada de las personas es una forma brillante para crear una barrera entre usted y los demás, haciendo que sus conflictos «le importen un carajo», como dice literalmente el mismo House. Si practica una visión racional de la humanidad, también conseguirá usted que las emociones (y en especial el amor) le repugnen a su mente fría y precisa, lo que le garantizará una protección total contra los sentimientos.

La obsesión por sus pacientes como casos que debe resolver es lo único que puede sacar a House de su inopia y, en contadas ocasiones, hacerle superar su aversión a cualquier tipo de relación social. Al mismo tiempo, su trabajo (esos pequeños retos mentales) consigue encerrar a House en sí mismo. Detesta la rutina aburrida de pasar consulta porque anhela la exaltación mental (como antídoto ante lo humano). Denle problemas, la radiografía más obtusa o el diagnóstico más complejo y estará en su terreno.

Acostumbra a defender su postura asocial argumentando que es la mejor actitud posible para hacer bien. «Si empiezo a arroparlo de noche no sería justo para ustedes, y si ustedes prescriben medicinas no sería justo para mí», le dice a los padres de un paciente. «¿Qué preferirías, un doctor que sostenga tu mano mientras mueres o un doctor que te ignore mientras mejoras?» le suelta a otro. Y a un tercero, que está muy triste lo anima a su estilo: «Te ofrezco, si dejas de llorar, 20 dólares».

Esta genial actitud puede (en un plazo de tiempo largo) convertir a cualquiera en una persona insensible a la que le cuesta preocuparse por los demás sin parecer distante.

Dr. House: ¿Cómo está manejando todo Cameron?

Dr. Foreman: Muy bien.

Dr. House: Genial. Qué bueno que hablamos.

* * *

Dr. House: ¿Has perdido a alguien? ¿A un bebé?

Dra. Cameron: Es un maldito cuando quiere.

También el Vicodin le ayuda a aislar las emociones. Como cualquier otra droga, el Vicodin no sólo calma el dolor, también clarifica y seduce a la mente de House para poder aguantar la rutina de la consulta. El dolor al que hace referencia cuando alguien le pregunta para qué son las pastillas, no es sólo dolor físico, sino sobre todo mental.

Recuerde...

Enciérrese en su mente para convertirse en una persona fría y distante.

6. El perrito lastimado, guau, guau

Quizás crea que convertirse en una persona fría y distante que rehúye las emociones y se comporta de un modo despreciativo alejará a todo el mundo de su alrededor. Pero se equivoca, ponerse una coraza no sólo sirve para protegerse, sino que envía un segundo mensaje al mundo: «He sufrido mucho, necesito a alguien que me rescate, que me saque del pozo y me salve de esta perdición que es mi propia vida».

Si analiza este mensaje de forma fría, verá que quien lo transmite es una persona que tiene problemas, así que probablemente piense que no necesita a nadie con problemas y salga corriendo a toda velocidad. Pero esto no es tan fácil. Ya hemos dicho al empezar esta guía que necesitamos problemas para ser felices. Es por esa razón que muchas personas —y en especial las mujeres— se enamoran de hombres conflictivos. House lo sabe, y disfruta de su condición de perrito lastimado para atraer a los demás.

[Una niña le pregunta a House en el hospital:]
Niña: ¿Por eso estás tan triste?

House: No estoy triste, soy complicado. A las chicas les gusta. Un día lo entenderás.

House se presenta a sí mismo como un rompecabezas complejo que hay que descifrar, un alma herida que hay que curar, un rebelde sin causa que se mete en problemas por seguir con sus convicciones y un corazón que podría volver a amar si se le cuidara con devoción. ¿Quién dejaría escapar una pareja que le puede proporcionar tanta diversión?

1. Nada ni nadie despierta en mí ni la más mínima emoción.

Pero eso no significa que no pueda encontrar a alguien que lo consiga. Convénzase de que la vida lo ha endurecido hasta tal extremo que lo ha convertido en una persona arisca, desagradable y fría. Utilice la teoría del complejo de Rubik explicada en el capítulo anterior para aparecer como una persona insensible y distante a la que le cuesta mostrar su interés por los demás y ya no digamos abrir su corazón al otro. Descubrirá que hay muchas personas que estarán encantadas en tener en sus manos el imposible reto de hacer despertar en usted alguna emoción. Empezarán enojándose con su manera de tratarlas, y posiblemente lo censurarán, se quejarán ante usted y le reprocharán su comportamiento, pero al mismo tiempo querrán quedarse a su lado para cambiarlo.

2. Estoy tan herido que me he hundido en una espiral de autodestrucción.

Caiga al abismo para que lo rescaten. Las mujeres, desde tiempos inmemoriales y por motivos históricos han adaptado —y mantienen todavía— el papel de cuidadoras de la humanidad. Es por eso que muchas de ellas buscan un hombre al que poder sanar y acoger en sus brazos. Muéstrese como un corazón que ha recibido demasiadas balas y será cuestión de minutos que encuentre una mujer dispuesta a sacárselas todas, de una en una. Sin embargo, es fundamental que no contribuya usted a su curación. Intente destruirse cada día más y desprecie sus esfuerzos para hacerle bien y así la arrastrará con usted al abismo. De este modo, la convertirá en partícipe y dependiente de su dolor.

3. Tengo un miedo tan grande al compromiso que sólo seremos amigos.

Eso sí, su relación no será la de unos amigos. Podrá tener sexo con ella siempre que quiera, lo cuidará de día y de noche a pesar de que ignore lo que siente, estará siempre disponible para usted cuando la llame pero a usted no lo va a encontrar nunca cuando lo necesite y le exigirá que cambie su forma de ser y se adapte a su vida, aunque usted no vaya a hacer lo mismo y para nada piense en un futuro junto a él/ella... pero en vez de darse cuenta de que esta es una relación desigual, el miedo al compromiso despierta en la otra persona (y, otra vez, más a menudo en las mujeres) la ambición de ser la persona que consiga que usted se comprometa y pueda vencer su miedo. Como ya hemos dicho, los grandes retos obsesionan, así que en vez de implicarse en la relación, convierta su compromiso con la otra persona en un trofeo casi imposible de ganar.

4. Mi amor, soy rebelde porque el mundo me hizo así.

El cine está repleto de personajes que fascinan al público femenino por su imparable espíritu rebelde al que identifica un *look* atormentado por sus convicciones (esos ideales por los que luchan contra el poder) y con una facilidad pasmosa para transgredir las normas, ya sea en pro de una gran causa o por diversión, para experimentar el vibrante placer de la libertad. Es fácil imaginar a House con una chamarra de cuero y pulsando el acelerador de una Harley-Davidson. Esta rebeldía fascina por su voluntad de ir a contracorriente de todo, pero es adictiva sobre todo por los riesgos que supone (un auténtico estimulante para las personas que creen que su vida es gris y monótona). Estas personas no paran de meterse en líos pero siempre tienen a alguien para sacarlos de cualquier situación, pues consiguen que el otro se ponga al servicio de ellos y su causa (es decir, ellos mismos).

Mientras, por lo general, escogemos las amistades entre aquellas que más nos gratifican, respetan y que más compensaciones emocionales y afectivas nos reportan, la mayoría tendemos a relacionarnos como pareja con personas que no sólo no nos gratifican, sino que nos llenan de amargura: esa es la clave del éxito de House entre las mujeres.

Por supuesto, este tipo de relación no tiene ningún futuro y generalmente se acaba al finalizar la cura, porque las personas que aman de este modo no están enamoradas realmente de su objeto de deseo, sino de su manera de entender el amor (del hecho de poder cuidar a alguien). Así de claro se lo deja **House** a **Cameron**:

«No tienes ningún interés en salir conmigo. Lo tenías antes, cuando no podía caminar, cuando era como una mascota

56

enferma a la que podías mimar y cuidar para que se pusiera bien. Ahora que estoy sano, ya no me quieres para nada».

Otra opción es que ella acabe desistiendo en la cura de él y finalmente se dé cuenta de que nada de lo que haga lo podrá cambiar. Eso es lo que le sucede a Stacy, que abandonó la relación harta de que en su vida todo girara alrededor de House.

«Eras brillante, divertido, sorprendente y sexy. Pero contigo estaba sola.»

Recuerde...

Si se deja caer al abismo alguien acudirá a su rescate.

---

7. Una atracción fatal

Ser amado es algo extraño, enigmático. Investigar en los motivos del amor puede ser algo bastante pesaroso. Si uno le pregunta a la persona que lo ama los motivos de su amor, probablemente no sabrá qué decirle, y en caso de que responda, tiene muchas posibilidades de que sea por algo que a usted le pasó desapercibido, como la forma en que le brillan los ojos, o por alguna cualidad que usted ni siquiera habría considerado jamás como tal, como esa simpática cicatriz que adorna su frente desde la infancia.

Ponerse a pensar en los motivos por los cuales uno es amado e intentar sacar razones inteligibles es un reto que un individuo como House no puede dejar escapar. En vez de aceptar agradecido el amor de otra persona, pregúntese en secreto (porque es seguro que su pareja tiene sus motivos pero no se los va a revelar) qué es lo que ha visto en usted.

«Vives bajo la ilusión de que puedes arreglar todo lo que no es perfecto... por eso te casaste con un hombre que moría de cáncer... tú no amas, necesitas... y ahora que tu esposo murió, necesitas un nuevo caso de caridad... por eso saliste conmigo... te doblo la edad, no soy fascinante, tampoco guapo, ni siquiera soy amable. Soy lo que necesitas: estoy muy dañado…» **House** buscando las razones de **Cameron** en su primera cita.

Decía Groucho Marx que nunca sería socio de un club que lo admitiera como socio. Una ley similar es la que rige las relaciones amorosas de House, pues se quiere tan poco a sí mismo y se tiene en tan baja consideración que cualquier persona que se interese por él pierde su crédito automáticamente. «Si me quiere es que ha perdido el juicio», parece pensar. Por ello descalifica a todo aquel que muestra interés por él y, en cambio, pierde la cabeza por Stacy, que se muestra despreciativa con él en todo momento.

En vez de fijarse en aquella persona que siempre está pendiente de usted (la que siempre lo acompaña), obsesiónese por una persona distante y despreciativa. Su conquista debe convertirse en todo un reto para usted, pues el amor no puede ser una tarea fácil. ¿Por qué debería serlo pudiendo acarrearle toneladas de sufrimiento que llenen su vida gris y rutinaria? Intente quedarse prendado de una persona que ya esté comprometida, si se puede de una clase social distinta a la suya y que viva en otro país.

Los especialistas del amor dificultoso son capaces de enamorarse perdidamente de una persona a la que sólo vieron una vez, atribuirlo a las flechas de Cupido o al destino cruel y montar guardia en el lugar donde se la encontraron con la esperanza de cruzarse de nuevo con tan bella criatura. El amante, convencido de su pasión, asaltará a su adorada de todos los modos posibles: a través de cartas, envíos de flores y llamadas al celular.

Por supuesto, su obsesión romántica se terminará en el mismo instante en que el objeto de su deseo se entregue a él, pues ya no encajará con su idea prototípica del amor. Ante la incomprensión de la adorada, el enamorado perderá rápidamente su apasionado interés para fijarse en aquella persona que no le hace ni caso, mientras su amiga de toda la vida, aquella que ha estado enamorada de forma sincera de usted desde el primer día, espera que algún día se decida a abandonar el romanticismo de libro y quiera ser feliz.

Recuerde...

Aprecie a quienes lo desprecian y desprecie a los que lo aprecian.

---

8. Corazón roto

En el caso de que alguien consiga traspasar su coraza, el doctor House se revelará como un romántico idealista que, con confianza, es capaz de darlo todo por amor. Si no se entregara con tanta intensidad, no le daría tanto miedo empezar una relación.

House cree en el amor verdadero y pasional, el sublime, el auténtico, el original. El que han alimentado durante décadas películas y novelas; el amor que es puro fuego y pasión, el que puede con convenciones sociales y todos los impedimentos que se le pongan por delante, pues es un amor que bebe del destino antes que de la voluntad. Este tipo de amor, eterno y permanente, exige del que ama una entrega incondicional, sin reservas, autodestructiva. Sólo sintiendo el amor como una gran fuerza que une a dos personas en una simbiosis mágica y duradera, puede uno convertirse después en víctima de la ruptura y caer en el mismísimo infierno cuando la pasión inicial termine.

Por supuesto, puede tomarse el amor como la elección de compartir de la vida con una persona, puede considerar que es usted una persona completa (no una media naranja) e incluso que el amor no tiene por qué ser para siempre. Pero ¿para qué? ¿Para vivir una relación sin conflictos ni dramáticas discusiones? ¡Vaya aburrimiento! Si quiere que su vida en pareja sea un auténtico tormento, siga los consejos de House:

1. Entréguese totalmente a la otra persona hasta que se olvide de sí mismo. Para usted sólo debe existir su amor. Así, cuando se acabe, usted no será nada.

2. Una su existencia a la existencia de la otra persona. Convénzase que la vida sin ella no vale la pena. Si lo hace bien, no le importará morir por amor.

3. Justifique cualquier comportamiento de la otra persona en nombre del amor. Da igual si no lo valora o lo hace sentir mal, el amor todo lo supera, ¿verdad?

4. Adáptese a esa persona a todos los niveles. Cambie su forma de ser, sus gustos y su personalidad. Dedique todo su tiempo y recursos al bienestar del otro.

5. Idealice a su amor todo lo que pueda, hasta el punto de no poder ver defecto alguno en la otra persona, por muy evidente que éste sea.

6. Sepa que no puede luchar contra el amor, porque es un arrebato imparable que está por encima de su voluntad. Que quede claro que no podrá dejar de amar.

7. Tenga por seguro que jamás nadie amó así, aunque haya habido millones de parejas a lo largo de la Historia, sólo usted ha sentido el verdadero amor.

8. Desespérese ante la mínima idea del abandono y, en caso de que éste ocurra, considere seriamente dejarse morir, pues su vida ya no tiene sentido.

Recuerde...

En el amor, entréguese del todo para poder perderse del todo.

PARTE III

JUGANDO A SER DIOS

1. Grandes hombres, grandes retos

Se sorprendería de la cantidad de personas que limitan sus sueños. ¡Son sueños, por el amor de Dios! No tendrían que ser realistas, no deberían tener límites. Soñar es lo que separa a los hombres de los animales (tener una ambición, una idea de vida). Como se cuenta en la novela *El Alquimista*, de Paulo Coelho, cada uno debe mirar en su interior y encontrar su «leyenda personal», es decir, aquello para lo que ha venido a este mundo.

House no llega tan lejos, pero eso no significa que no tenga sueños. Desea y ansía ser el mejor doctor del hospital, pero en vez de «leyenda personal», prefiere considerarlo una ambición. Se define a sí mismo como «competitivo por naturaleza», y de hecho muestra una tenacidad admirable para descifrar los diagnósticos especialmente complicados.

Sin duda la meta que se ha propuesto es ambiciosa. Si en el terreno amoroso busca retos imposibles, en su camino personal y profesional quiere tumbar una montaña. Cierto es que no hay que poner límites a los sueños, pero en la filosofía House éstos son utopías.

Mientras más grande es un sueño más improbable es que se haga realidad. Que llegue a alcanzarlo puede convertirse, según el caso, en un auténtico milagro. Nada va a atormentar más su vida que un sueño imposible de cumplir, pues de la consecución de los sueños depende que uno tenga la sensación de haber llegado a «ser alguien». Es por ello que a House le irrita tanto que cuestionen su trabajo tras veinte años de profesión:

Cuddy: ¿Por qué le estás dando esteroides?

House: Es mi paciente, suelo tratar a mis pacientes con medicamentos.

En vez de proponerse un sueño razonable que dependa únicamente de usted, intente encontrar un objetivo que se escape de su control y que, al ser incapaz de lograrlo durante años, le impida sentirse realizado y aumente su frustración personal. Variables como estas acostumbran a funcionar muy bien, pruebe con ellas:

"Voy a ser el mejor en..." Sea lo que sea, siempre habrá alguien mejor que usted.

"Voy a cambiar el mundo..." Puede aportar su opinión, pero no cambiarlo a su gusto.

"Voy a ser diferente a los demás..." Todos somos diferentes sin proponérnoslo.

Y, sobre todo, no haga un plan. Porque un plan es un mapa, una guía, un foco, una ruta, un indicador, un camino o una estrategia para alcanzar sus sueños, y es mejor que éstos se queden en la fase del deseo. Así, dentro de unos años se podrá lamentar de no haber logrado tal o cual cosa y de no haberse esforzado lo suficiente por lo que quería.

Sin plan no podrá luchar por su reto personal, pues necesita una dirección, una serie de pasos lógicos y alcanzables a corto plazo. Con un reto imposible de asumir y ningún tipo de estructura que seguir para conseguirlo, pronto descubrirá que ha perdido el control de su vida, pues su día a día dejará de tener un sentido claro. De este modo conseguirá sentirse completamente bloqueado y podrá sumergirse en un tedio inacabable.

Recuerde...

Impóngase metas imposibles y así nunca podrá alcanzarlas.

---

2. Tácticas de ausentismo

Una de las cosas que más atrapan de la personalidad de House es su habilidad para no cumplir las órdenes de su jefa y además lograr ser el favorito estando siempre al límite de las reglas del hospital. En vez de intentar complacer a sus superiores, trata de evadirse constantemente de la consulta. Aunque nos guste nuestro trabajo, siempre hay pequeñas tareas que no nos gusta hacer pero que hacemos con desgana.

A House le encanta resolver enfermedades, pero no soporta tratar a los pacientes en la consulta, como deja claro en la siguiente declaración de principios:

«Hola, gente enferma y familiares, para ahorrarme tiempo y evitar aburridas pláticas, les diré: soy el doctor Gregory House, pueden llamarme Greg. Soy uno de los tres doctores empleados en esta clínica esta mañana. Este rayo de sol es la doctora Lisa Cuddy, la directora del hospital. Por eso, pobrecita, está demasiado ocupada para atenderles. Soy un aceptado y certificado diagnosta con doble especialidad en enfermedades infecciosas y nefrología, además soy el único médico que está contra su voluntad. Si se ponen pesados verán que echo mano de esto: es Vicodin, es mía y no les doy. Pero descuiden, la mayoría de sus enfermedades las resolvería hasta un mono con un frasco de analgésicos. Espero no confundirme con ustedes, a veces vengo algo drogado.»

Tras oír esto, ninguno de los pacientes quiere pasar a consulta con House y éste consigue lo que quería: librarse de los irritantes enfermos con enfermedades de manual. Otras de sus tácticas son más sutiles. Tome nota y aplíquelas en su oficina:

— **Desaparece en la sala de descanso**. Se encierra allí y se pone a ver la televisión (adora ver la serie de médicos *Los días de nuestras vidas*). Una vez incluso se llevó con él a su paciente y estuvieron matando el tiempo juntos hasta que House acabó su turno.

— **Ignora a su paciente**. Simplemente se pone a jugar su juego portátil Nintendo DS y no ceja en su empeño hasta que consigue pasar al siguiente nivel. Sus pacientes están tan sorprendidos por su comportamiento que normalmente no dicen nada.

— **Encuentra un caso mejor**. Busca desesperadamente una enfermedad interesante para tratar y así poder dejar la consulta para centrarse en un nuevo diagnóstico. Busca nuevos pacientes donde sea y si hace falta incluso consulta el archivo del hospital.

— **Acaba de trabajar antes de tiempo**. Si se escapa del trabajo justo antes de empezar su turno en la consulta se puede librar de ella. En vez de dar explicaciones, se va gritando: «Las cinco, el Dr. House se va». Da igual que falten quince minutos, «era por redondear».

— **Procura estar ilocalizable**. Desconectar el celular es la regla número 1. Si alguien se lo reprocha, responda algo irreverente que desvíe completamente el tema. «Cuando quieras llamar mi atención ponte un piercing en el ombligo», le dice a Cameron.

Recuerde...

No se moleste en dar explicaciones, simplemente dé por hecho que puede hacerlo todo.

---

3. Nunca se es demasiado sincero

House es un fervoroso practicante de la honestidad brutal. Eso significa que mientras la mayoría de nosotros no nos atrevemos a decir lo que pensamos sino según la situación o según delante de quién y usamos una máscara social en función de la situación en que nos encontremos, él siempre se comporta como le da la real gana. ¿Cuántas veces no habrá querido decirle lo que pensaba a su jefe y se ha tenido que morder la lengua por temor a su reacción? House, en cambio, no tiene ningún reparo en soltarle a Cuddy lo primero que se le ocurre, incluso poniendo en duda su valía como directora del hospital. «Me gusta su vestido», la elogia para darle los buenos días, «dice: soy profesional sin dejar de ser mujer.De hecho, más bien grita la segunda parte.»

Se salta los consejos de ella cuando quiere y como le parece. Y si a ella se le ocurre pedirle explicaciones por su desobediencia, él se sale por la tangente. Cuando le pide que se ponga una bata como los demás médicos, él contesta que no quiere parecer un médico, y cuando le advierte de que toma demasiadas pastillas y los pacientes empiezan a hablar, él le responde: «¿Acerca de que su trasero peligra?». Tampoco sirve de nada ponerlo contra las cuerdas y amenazarlo con despedirlo, pues si algo tiene House es que tiene respuestas para todo.

Cuddy: ¿Y si te despido por no hacer tu trabajo?

House: Estoy aquí de nueve a cinco.

Cuddy: No has hecho ningún informe este año.

House: Mal año.

Cuddy: No atiendes a las consultas.

House: Pero doy buenas excusas.

Wilson tiene su propia teoría acerca de la irreverencia de House. «En tanto no intentes ser bueno, puedes decir lo que quieras», le explica a modo de consejo. Esto significa que en nuestro intento de querer ser buenos (¿quién no quiere ser bueno, noble y generoso, si es eso lo que nos inculcan que debemos ser?) reprimimos una parte de nuestro ser.

Sin embargo, hay que tener en cuenta que House basa su libertad ante sus superiores en el hecho de que se sabe imprescindible. Sabe que es el mejor médico del hospital y por ello tiene claro que no lo van a despedir. Gracias a su prestigio puede permitirse más de una licencia extra que la mayoría de los trabajadores no podrían tomarse.

Pero no es sólo su prestigio lo que lo libra de las represalias de sus superiores; si House cautiva es sobre todo por su seguridad. Su actitud es tan importante o más que el hecho de saberse imprescindible. Apúntese su receta: diga lo que piensa sin ningún miedo. Sólo por la osadía de dar sus opiniones sin sutilezas se ganará el respeto de los que le rodean. Adoptar las opiniones de la mayoría y seguir la corriente de sus jefes no va a sorprender a nadie y resulta empobrecedor para su autoestima. Muestre sus ideas sin miedo a equivocarse o a que se rían de usted. Arriésguese para triunfar.

Recuerde...

Gánese el respeto de los demás teniendo la osadía de ser usted mismo.

---

4. Para el pueblo, pero sin el pueblo

¿Desde cuándo es importante la verdad? ¿Qué es la verdad? La verdad es sólo una teoría transcendentalista inventada por los filósofos y, en realidad, muy poco útil. Además, ¿quién quiere la verdad mientras sepa lo que es mejor? House sabe lo que es mejor, el resto no importa.

Como doctor, House está siempre al borde de la fina línea que separa lo legal de lo ilegal. En más de una ocasión Cuddy debe acudir al abogado del hospital para decidir si debe hacer o no caso a House. Sin embargo, él ni tan siquiera escucha sus argumentos. No le importan. Lo único que ocupa su mente es que debe resolver el enigma con éxito, y si para ello debe arriesgar la vida de un paciente, mentir a sus familiares, engañar a otros médicos o pasar por encima de la ley, lo hará sin ningún remordimiento.

De la resolución de la enfermedad depende su éxito, y eso es algo que House pone por encima de todo. Seguirá su criterio (o su instinto) pase lo que pase, aunque eso incluya decidir por los demás y poner en peligro sus vidas, como en aquella ocasión en la que redujo el cáncer de un paciente para que el cirujano aceptara operarlo.

Dr. Foreman: No tiene ninguna evidencia que apoye su diagnóstico.

Dr. House: Por eso voy a parecer tan inteligente cuando resulte que tengo razón.

Es habitual que falsifique análisis de ADN, intercambie exámenes entre pacientes, obtenga muestras (de orina o de lo que sea) sin informar al paciente o les mienta en nombre de su salud. Para tener un caso interesante en el que ocuparse puede llegar a mentir a los pacientes o a sus padres, manipulando sus emociones y jugando con sus vidas. La mayoría de ocasiones ni siquiera explica a sus pacientes qué es lo que les ocurre ni qué medicamentos están tomando. ¿Pero para qué necesitan saberlo si House lo sabe todo?

En realidad, todo lo que quiere es resolver el rompecabezas, y para ello puede tomar las decisiones más arriesgadas que jamás ha tomado un médico en la televisión.

Dr. House: Administren inmunoglobina. Si mejora gano yo; si muere, tú.

House cree saber lo que necesitan los demás, cree que sabe lo que debe ocurrir, y pone su convencimiento por encima de la voluntad de todos los que hay a su alrededor. Y no lo hace sólo en cuestiones médicas (donde es un experto), sino que también se mete en la vida personal de sus compañeros de trabajo. Obligó a Chase a encontrarse con su padre, a pesar de que éste no quería, y lo hizo sólo como una forma de entretenerse.

76

«¿Si quieres saber cómo interactúan dos químicos les preguntas? No, mentirán a través de todos sus poros químicos, los arrojas a una probeta y aplicas calor.» **House** hablando de la relación entre el **Dr. Chase** y su padre.

Recuerde...

Típico pero cierto: el fin justifica los medios.

5. Si tú bajas, yo subo

En el hospital, House es el gallo del corral. Cuando él habla todos callan, los médicos lo miran con admiración e incluso algunos apoyan ciegamente sus arriesgadas decisiones, como si él nunca se pudiera equivocar. El mismo House explica que su «capacidad de errar es teórica», dejando entender que eso nunca sucederá en la práctica.

¿Cómo puede estar tan seguro de sí mismo? La tranquilidad que aparenta y la suficiencia con la que trata a los demás cautiva a cualquier incauto. Y el motivo es bien sencillo: tiene la autoestima por las nubes; pero no sólo eso, consigue que los demás la tengan por los suelos. Una cosa va relacionada con la otra. Se crece aplastando a los demás, como una balanza. Para que él esté arriba, los demás deben estar abajo.

Trata a sus compañeros de trabajo como si fueran instrumentos, equipo que él usa en sus investigaciones: a Foreman lo utiliza para el trabajo de calle, pues llevará a cabo sin reparos cualquier cosa que se salga de la legalidad; a Chase le encomienda el aburrido trabajo de laboratorio, pues realiza con eficiencia todo tipo de pruebas químicas, y a Cameron la tiene como un objeto de oficina para alegrarse la vista, aunque no duda en aprovecharse de su sensibilidad para mandarla a dar malas noticias a los pacientes.

Los cuatro se reúnen cada mañana ante un pizarrón blanco para encontrar los orígenes de cada enfermedad, pero la única opinión que escucha House (la única válida) es la de él mismo. «Vamos a hacer lo de siempre», le dice a Chase, «Usted me dice lo que piensa, yo le digo que no tiene ni idea y entonces hacemos lo que yo pienso.»

House sabe que es la clave de su equipo («no soy el único en mi equipo, pero en mi equipo soy único», responde a Cuddy cuando ésta lo acusa de ser un egocéntrico) y da por sentado que Foreman, Cameron y Chase no saben hacer nada sin él. «Llámenme si hay algo importante o aunque no sea importante», dice cuando hace una pausa para comer.

Pasa una semana con House y acabarás sintiendo no sólo que eres peor doctor que él, sino que eres uno de los peores doctores de toda la ciudad y, de hecho, quizás te hayas equivocado de profesión. Intentar entender su desprecio no lleva a ninguna parte más que a una angustia opresiva. «Si no lo haces, mal; si lo haces, mal», se queja Chase.

Por si eso fuera poco, House se dedica a indagar en la vida privada de sus subordinados y a echárselas en cara cuando le da la gana. Satiriza la personalidad de Cameron, se dedica a convertir a Foreman en un estereotipo del negro delincuente y se aprovecha de Chase a costa de los problemas que éste tiene con su padre. Incluso llega a jugar a ser Dios y a influir en la vida de los demás para ver qué sucede y distraerse.

Del mismo modo que se protege de los otros escondiendo cualquier detalle de su vida y mostrándose como una persona fría, distante y segura de sí misma, House sabe que conocer las debilidades de los demás lo hace a él poderoso, pues tiene el control en todo momento: puede herir a los demás, pero los demás no pueden herirlo a él.

Recuerde...

El mejor método para subirse la autoestima es bajársela a los demás.

---

6. A preguntas absurdas...

Uno siempre se encuentra en momentos en que, sí, ¿por qué no admitirlo?, no sabe qué contestar. Sea por lo absurdo de las mismas preguntas, sea porque simplemente son demasiado incisivas. La cuestión, en cualquiera de los casos, es no alterarse. Esta es la clave para todo experto en filosofía House que se precie. He aquí una pequeña lista de reglas prácticas fáciles de aplicar....

PRIMERO: Nunca des explicaciones. De hecho, para qué las necesitan si ni tan siquiera las iban a entender.

Dr. Foreman: Creo que su argumento es confuso.

Dr. House: Yo creo que tu corbata es fea.

SEGUNDO: La profundidad aburre, siempre es mejor hablar de sexo. Y más si se goza de un estilo personalmente humillante.

Dra. Cuddy: ¿Has vuelto al hospital para ver a un paciente?

Dr. House: No, a una puta, Me da más morbo aquí que en casa.

TERCERO: ¿Ante acusaciones y críticas? El conformismo, hacerse la víctima o un sable envenenado en la espalda del interlocutor. Pasen, vean y escojan en cada ocasión.

Dra. Cameron: Los hombres deberían madurar.

Dr. House: Sí, y los perros deberían dejar de lamerse.

CUARTO: Siempre ser el más ingenioso. Si uno es inteligente, debe demostrarlo, si no, ¿para qué le ha dado este don la naturaleza?

Estudiante de medicina: ¡Está leyendo una historieta!

Dr. House: Y tú, enseñando los pechos con ese top tan escotado.

[La estudiante se queda sorprendida.]

Dr. House: Lo siento. Creía que era un concurso de obviedades. Soy muy competitivo.

QUINTO: Humilla. Siempre habrá alguien preparado para hacértelo a ti, y lo sabes. Quien da el primero, da dos veces.

Dra. Cuddy: Necesito que uses tu bata.

Dr. House: Y yo necesito dos días de buen sexo con alguien mucho más joven que tú. Como la mitad de tu edad.

SEXTO: Las personas son tontas y a veces no lo saben. Mejor decírselo nosotros antes que cualquier otro, ¿no?

Dr. House: Su hígado se está cerrando.

Padre del paciente: ¿Qué? ¿Qué significa eso?

Dr. House: Que está mejor, está listo para ir a casa.

Padre del paciente: ¿Qué?

Dr. House: ¿Qué cree que significa? No puede vivir sin un hígado, se está muriendo.

Padre del paciente: ¿Cuál es su problema?

Dr. House: Una pierna lisiada, ¿y el suyo?

La retórica es un arte que no debe malgastarse. Y House lo tiene claro.

Recuerde...

A la hora de hablar, ponga la palabra más cruel en el lugar donde más duela.

---

7. Compararse o morir

Hoy vivimos en un mundo donde la vida social nos lleva a un continuo ejercicio de comparación con los demás. Comparamos nuestra apariencia, nuestro éxito, nuestro sueldo, nuestras relaciones personales, nuestra posición, nuestra salud, nuestros hijos, nuestro coche... —la lista es interminable— con los demás. La publicidad y los medios de comunicación refuerzan este hecho presentándonos unos modelos imposibles de imitar.

Cuando se trata de mirar lo que han conseguido otros, este mundo se divide entre los que miran a los demás con envidia, y los que los miran para motivarse. Por supuesto, hacer lo último sería lo más sencillo, y por eso House escoge el camino de la envidia.

«Ni siquiera es un médico de verdad, es un tele con pies», dice **House** cuando **Chase** habla con admiración de un médico que lucha contra la tuberculosis en África.

Tener envidia de los demás no es sencillo, pues cuando uno se compara a los demás, debe esforzarse en salir perdiendo. Para ello, House utiliza una mirada negativa algo forzada pero que consigue sus objetivos: se fija en todo aquello en que los demás son mejores que él e ignora todo lo demás. Su lectura siempre es: «mira a éste que tiene esto o aquello», «mira a otro que ha conseguido eso o aquello». Este tipo de pensamientos van a darle unos momentos de amargura incomparables, además de bajar su autoestima.

Por ejemplo, a su mejor amigo le envidia a rabiar su éxito con las mujeres y siempre que lo ve hablar con una enfermera le insinúa que le está siendo infiel a su mujer. Y no importa lo que Wilson diga, él está convencido de que tiene líos con todo el personal femenino; pero ignora a propósito los problemas que su amigo tiene con su mujer.

[Wilson aparece con una caja de bombones.]

Dr. House: ¿Bombones? ¿Por qué son?

Dr. Wilson: Son para mi mujer.

Dr. House: No te pregunté para quién son, sino con
quién te estás acostando.

Probablemente tendría usted suficiente con aceptarse a sí mismo tal como es, ¿pero por qué hacerlo tan fácil si puede compararse con un ideal? ¿Por qué amarse a uno mismo cuando puede dedicar su vida a llegar a la perfección? Debe esforzarse en mejorar para alcanzar un ideal de persona (no hace falta que sea el suyo, puede ser el ideal de su pareja, o el de sus padres o el que imponga la sociedad, el caso es que debe ajustarse a él todo lo que pueda). No acepte sus imperfecciones, ni sus fracasos, ni sus debilidades. Castíguese por todo lo que no le gusta de usted mismo.

EJERCICIO

Haga una lista de todas las cualidades que usted no posee y que le gustaría tener para sentirse perfecto. Busque a las personas de su entorno que tengan esas cualidades. Cada vez que se encuentre con ellas, martirícese pensando en la poca suerte que ha tenido en la vida, repitiendo varias veces la cantaleta «¿por qué él sí y yo no?».

Recuerde...

Codicie las cualidades de sus vecinos pasando por alto sus problemas.

---

8. Nunca es suficiente

Convertir el trabajo en una obsesión no sólo ayuda a que House rehuya las emociones al quedarse en un plano puramente racional, sino que también absorbe todo su tiempo e impide que se reserve un pequeño espacio para él cada día. Todo lo llena con los análisis médicos, de modo que nunca tiene un pequeño momento para no hacer nada.

¿Pero quién necesita tiempo para regenerarse, renovarse y cargarse de vigor? ¿Quién necesita tiempo para descansar y reparar? Sin duda el descanso es un signo de debilidad. No se puede perder el tiempo tirado en el sofá holgazaneando, hay que continuar con la actividad febril del trabajo. Resolver un problema tras otro, ganar dinero y progresar en la empresa. Imponerse un gran reto profesional y llenar nuestra vida con ello es una de las formas más sencillas de mantenernos ocupados.

Debe conseguir un trabajo que le ocupe el máximo de horas al día, que lo mantenga despierto de madrugada y que le exija cada vez más, con unos jefes que le pidan más de lo que puede llegar a hacer un ser humano, y amontonando una lista de tareas que no se termine jamás (pues cada vez que finaliza una se añaden otras tres).

EJERCICIO

Siéntese en el sofá y prepárese para descansar. Y cuando decimos descansar no se trata de leer el periódico o mirar la televisión, sino de no hacer absolutamente nada. Debe dedicarse un tiempo para usted y su propio mundo, escuchar el silencio, sentir el vacío, no mover ni un músculo. Al cabo de un rato oirá una vocecita en su interior, primero desde muy lejos y luego cada vez más fuerte. Tiene un tono agudo y chillón, y no para de recordarle que tiene cosas que hacer. «No llegarás a tiempo a terminar el trabajo si estás ahí sentado sin hacer nada», «Vamos, no te detengas, sigue con los informes», «¿Cómo puedes ser tan flojo? ¡Vuelve a trabajar!" y «¿Qué diría tu jefe si te viera así?».

Intente hacer caso omiso a la vocecita, cuanto más tiempo esté ignorándola, más va a insistir en sus órdenes y sermones. Cuando finalmente decida hacerle caso, siéntase mal por haber descansado y deje que el peso de la culpabilidad (y los remordimientos) caigan encima de usted. Piense en todas las tareas que le faltan por hacer y en la posibilidad de equivocarse y fracasar en todas y cada una de ellas.

Si fracasa, la sociedad lo verá como un fracasado. Como todo el mundo sabe, es importante cumplir con las exigencias de la sociedad. Así que trabaje y esfuércese al máximo para ser lo que los demás esperen de usted. Nunca esté contento con sus progresos. En vez de darse cuenta de lo mucho que ha mejorado, centre su atención en aquellas cosas que aún le faltan, esos pequeños defectos que sólo ve usted. Obsesiónese con ellos para ser feliz.

Recuerde...

No piense en lo que ya consiguió, obsesiónese por lo que aún no ha hecho.

PARTE IV

ELEMENTAL, MI QUERIDO HOUSE

1. Cada maestrillo tiene su librillo

House también tiene sus propios guías, y el número uno de todos ellos es Sherlock Holmes, el detective literario creado por el escritor Arthur Conan Doyle en 1887. El personaje de House casi se puede interpretar como un homenaje a las aventuras de Holmes, y como ha explicado el propio creador de la serie, David Shore, para él Holmes fue una inspiración inevitable que se puede ver en cada frase de nuestro doctor favorito: «Cada vez que alguien dice "rompecabezas" y "deducción brillante" en una misma frase es imposible no pensar en el gran detective de ficción Sherlock Holmes y su inseparable ayudante, el Dr. Watson». Es sencillo buscar los parelelismos entre House y Holmes. Ambos son asociales, pueden ser muy desagradables, ponen la mente por delante del corazón, tienen una gran capacidad de deducción, pecan de pretenciosos, son seguros de sí mismos y de sus cualidades y viven por y para sus investigaciones (clínicas uno, detectivescas el otro) usando los mismos métodos. Por otra parte, es fácil establecer un símil entre el amigo de House, Wilson; y el compañero de Holmes, Watson. La doctora Cuddy, que representa las reglas y las normas establecidas, bien podría ser el inspector Lestrade, que intenta que Holmes no tome acciones que bordean la ilegalidad en sus investigaciones. El gran enemigo de Holmes, el malvado Moriarty, fue en la serie el multimillonario Boyd, que intenta echar a House del hospital.

Así pues, los expertos en la filosofía House deberían tener también las novelas de Sherlock Holmes como libro de cabecera. Vean aquí unos motivos para ello:

HOLMES	HOUSE
Su nombre (Holmes) suena muy parecido a «home» (que significa casa, hogar).	Su nombre (House) significa hogar o casa, y puede usarse como sinónimo de «home».
Arthur Conan Doyle basó el personaje de Holmes en un médico, el Dr. Joseph Bell.	Gregory House es médico.
Luchaba a muerte con criminales.	Lucha a muerte con enfermedades.
Era adicto a la cocaína.	Es adicto al Vicodin.
Tenía una personalidad arrogante.	Es extremadamente arrogante.
Le gusta leer las páginas de sucesos y las esquelas de los periódicos.	Le gusta ver telenovelas y jugar videojuegos.
Su amigo más cercano (Watson) tenía problemas con una herida en su pierna.	Tiene problemas de salud con su pierna.
Lánguido y perezoso cuando no está investigando un caso que lo motive.	Perezoso hasta que lo fuerzan a fijarse en algún caso que lo cautiva.

Distante con todo el mundo excepto con su mejor amigo y compañero Watson.	Distante con todo el mundo excepto con su mejor amigo y compañero Wilson.
Le gusta mucho la música y toca el violín.	Le gusta mucho la música y toca el piano.
Vive en el número 221B de Baker Street.	Vive en el 221B (se ve en el capítulo 18 de la segunda temporada).
Puede deducir un crimen con solo mirar a una persona.	Puede deducir un diagnóstico con solo mirar a un paciente.
Sherlock Holmes llama por el apellido hasta a su mejor amigo.	House llama por el apellido a todos sus compañeros de trabajo, también a Wilson.
La única mujer que le cautivó se llamaba Rebecca Addler.	La primera paciente de House (en el piloto) también se apellidaba Adler.
Se salta las normas de Lestrade y pone en riesgo la vida de los demás por su caso.	Se salta las normas de Cuddy y pone en riesgo a los demás por su diagnóstico.

2. Ver lo que nadie puede ver

Tanto House como Holmes son expertos observadores. Con sólo observar a una persona, Holmes puede saber qué crimen cometió, y observando a un paciente, House es capaz de identificar a una enfermedad y darle un diagnóstico. Ambos son maestros de la observación, del arte de ver lo que nadie es capaz de ver. Cuando usted mira rápidamente a una persona sólo ve a esa persona; sólo si la examina con detalle se dará cuenta de que nadie es lo que parece y pondrá atención en detalles reveladores que antes ni siquiera percibió.

La comunicación del lenguaje del cuerpo y de la forma de vestirse lleva millones de años en funcionamiento pero hay que saber interpretarla para poder leer sus mensajes. A menudo, estos detalles son inconscientes e involuntarios, por lo que localizarlos le pone en una posición aventajada sobre su interlocutor. House y Holmes dominan esta técnica, de la que en este capítulo describiremos los elementos fundamentales para empezar a observar:

Sonrisa: Las sonrisas producen arrugas junto a los ojos. La gente que no es sincera sólo sonríe con la boca, así que ya sabe cómo cazar sonrisas falsas. Si sonríe con los labios tensos, esa persona tiene un secreto; y si tuerce la sonrisa, tiene sentimientos encontrados.

Ojos: Si su interlocutor tiene las pupilas dilatadas indica aceptación e interés en usted. Si mira hacia arriba recuerda una imagen; hacia abajo, un sentimiento; a los lados, se está inventando todo sobre usted. También puede protegerse con un objeto, como un bolso. Si los brazos están abiertos, tiene una actitud receptiva e interesada en usted.

Manos: La posición de las manos revela el poder que la otra persona desea ejercer sobre usted. Las palmas abiertas indican una perspectiva honesta que indican que su interlocutor le pide que confíe en él. Si las palmas están giradas hacia abajo se interpreta como señal de autoridad. Si levanta un dedo o señala con él, le quiere dar una orden.

Apretón de manos: Cuando alguien le da la mano, fíjese en si lo hace desde arriba o desde abajo. En el primer caso, esa persona se quiere poner por delante de usted. Si además esa persona avanza un pie antes de dar el apretón, usa las dos manos para saludarlo o le toma del brazo al mismo tiempo que se dan el apretón, significa que lo quiere controlar.

Cabeza: Si en vez de mantenerla recta la tiene ladeada, su interlocutor indica sumisión, pero si mira hacia abajo muestra su consentimiento, aunque puede ser con desaprobación.

Brazos: Si los mantiene cerrados, se protege contra usted. Puede ocultar algo o puede no confiar en usted. También puede protegerse con un objeto, como un bolso. Si los brazos están abiertos, tiene una actitud receptiva; pero si se los pone delante de los genitales significa que se siente inseguro de sí mismo, independientemente de usted.

Pies: Si junta las piernas, indica respeto. Si las separa, demuestra su seguridad (y en los hombres, su masculinidad). El cruce de piernas de pie indica inseguridad. Allá donde miran los pies es la dirección donde en realidad quiere irse corriendo su interlocutor.

Recuerde...

Sabrá si alguien miente si... se tapa la boca, se frota la nariz, se rasca el ojo, se toca la oreja, se rasca el cuello, se tira del cuello de la camisa o se pone los dedos en la boca.

3. Las frases de House

Las respuestas ácidas, crueles y sorprendentes son el fuerte de House. Si Holmes mostraba su inteligencia en cada una de sus observaciones, House muestra su filosofía a través de sus comentarios sarcásticos sobre la vida y la naturaleza humana.

Dr. House: ¿Viste eso? Creen que soy un paciente sólo por el bastón.

Dr. Wilson: Entonces, ¿por qué no te pones una bata blanca como los demás?

Dr. House: Entonces pensarían que soy un doctor.

* * *

[Un paciente observa cómo House se saca sus píldoras del bolsillo.]

Paciente: ¿Para qué son?

Dr. House: Para el dolor.

Paciente: Ah, para usted, por la pierna.

Dr. House: No, porque están deliciosas.

* * * *

[House atiende a un paciente con la piel de color naranja.]

Dr. House: Su mujer le pone los cuernos.

Paciente: ¿¿Qué??

Dr. House: ¡Está usted naranja, imbécil! Y que usted no se dé cuenta, pasa, pero si su mujer tampoco ve que ha cambiado de color es mala señal...

* * *

Dra. Cuddy: No prescribimos medicamentos basándonos en tus intuiciones. No, al menos desde los tiempos de Tuskeegee y Mengele.

Dr. House: ¿Me estás comparando con un nazi? *(sonríe con admiración)*. Mm...

* * *

[House discute sobre inhaladores con la madre de un chico.]

La madre del chico: Me preocupa que tome una medicina tan fuerte.

Dr. House: Probablemente su doctora estaba preocupada también por la potencia de la medicina. Seguramente puso en una balanza el peligro del inhalador contra el peligro de no respirar. El oxígeno es muy importante durante la preadolescencia, ¿no cree?

Dra. Cameron: Contrató a Foreman porque es negro y tiene antecedentes.

Dr. House: No, no fue por su raza. No vi a un hombre negro. Sólo vi a un doctor... con ficha policial. Contraté a Chase porque su papá hizo una llamada. Y te contraté a ti porque estás bastante bonita.

Dra. Cameron: ¡¿Lo hizo para acostarse conmigo?!

Dr. House: ¡No creo que eso te asuste, y tampoco fue lo que dije! Te contraté porque eres bonita. Es como tener una obra de arte en el despacho.

* * *

Dr. House: Las mujeres hermosas no estudian medicina. A menos... que tengan tantos problemas como belleza. ¿Has sufrido maltratos familiares?

Dra. Cameron: ¡No!

Dr. House: ¿Abusos sexuales?

Dra. Cameron: ¡No!

Dr. House: Pero *tienes* problemas, ¿o no?

* * *

Dra. Cuddy: La reputación no va durarte si no haces tu trabajo. La clínica es parte de tu trabajo. ¡Quiero que hagas tu trabajo!

Dr. House: Pero como dice el filósofo Jagger: «No siempre se consigue lo que se quiere»

* * *

Paciente: No le he puesto las vacunas al niño porque creo es una forma de las grandes compañías farmacéuticas para engañarnos y sacarnos dinero.

Dr. House: ¿Sabe cuál es otro buen negocio? Los minúsculos y pequeñitos ataudes para bebé. Los hay en verde rana o rojo manzana. Puede elegir.

* * *

Dr. Cuddy: ¿Has vuelto al hospital para ver a una paciente?

Dr. House: No, a una puta. Me da mucho más morbo aquí que en casa.

* * *

Dr. House: Oh, diablos. *[Al ver los padres de un paciente dirigiéndose hacia él.]* Otra razón por la que no me gusta conocer a los pacientes. Si no saben cómo eres no pueden venir a gritarte.

* * *

Dr. House: «Hola, gente enferma y familiares, para ahorrarme tiempo y evitar aburridas pláticas, les diré: soy el doctor Gregory House, pueden llamarme Greg. Soy uno de los tres doctores empleados en esta clínica esta mañana. Este rayo de sol es la doctora Lisa Cuddy, la directora del hospital. Por eso, pobrecita, está demasiado ocupada para atenderles. Soy un aceptado y certificado diagnosta con doble especialidad en enfermedades infecciosas y nefrología, además soy el único médico que está contra su voluntad. Si se ponen pesados verán que echo mano de esto: es Vicodin, es mía y no les doy. Pero descuiden, la mayoría de sus enfermedades las resolvería hasta un mono con un frasco de analgésicos. Espero no confundirme con ustedes, a veces vengo algo drogado.»

*   *   *

Dra. Cameron: Los hombres deberían madurar.

Dr. House: Sí, y los perros deberían dejar de lamerse.

*   *   *

Dr. House: Qué preferirías, ¿un médico que te sostenga la mano mientras te mueres o uno que te ignore mientras mejoras? Aunque yo creo que lo peor sería uno que te ignore mientras te mueres...

*   *   *

Dr. Foreman: Creo que su argumento es confuso.

Dr. House: Yo creo que tu corbata es fea.

*   *   *

Dr. House: Tiene usted un parásito.

Paciente: ¿Cómo la solitaria o algo así? Puede hacer algo al respecto?

100

Dr. House: Sólo hasta de aquí a un mes. Luego será ilegal sacarlo, excepto en un par de estados...

Paciente: ¿Ilegal?

Dr. House: No se preocupe. Tiene uno de esos parásitos que salen a los nueve meses. Normalmente las mujeres se encariñan con ellos, les compran ropitas, los llevan de paseo y les cambian los pañales.

Dra. Cameron: No podía encontrarlo por ninguna parte.

Dr. House: Cuando quieras llamar mi atención ponte un piercing en el ombligo.

* * *

Dra. Cuddy: Trabajar con la gente te hace mejor doctor.

Dr. House: ¿Cuando me he apuntado a ese curso?

* * *

[Una paciente curada da su agradecimiento a House]

Paciente: Muchísimas gracias, doctor, le tendré que traer un regalo o algo.

Dr. House: A veces el mejor regalo es no volver a ver a alguien nunca más.

* * *

Dra. Cameron: Usted siempre tiene razón y los demás somos idiotas.

Dr. House: No, es que no creo que yo sea idiota y todos los demás tengan razón.

* * *

Dra. Cuddy: Te esperaba en mi despacho hace veinte minutos.

Dr. House: ¿En serio? Pues no tenía intención de ir a tu despacho hace veinte minutos.

* * *

Monja: La hermana Agustina cree en cosas que no son reales.

Dr. House: ¿Eso no es un requisito indispensable en su oficio?

* * *

Paciente: ¿Es este un buen hospital?

Dr. House: Depende de a qué te refieras con «buen». Me gustan esas sillas.

* * *

Dra. Cuddy: ¡Buenos días, House!

Dr. House: ¡Buenos días, Dra. Cuddy! Sabes, me gusta tu vestido. Dice, «soy profesional sin dejar de ser mujer». Lo segundo lo dice a gritos.

* * *

Dr. House: No es posible que una mujer está inusualmente irritable.

Dra. Cameron: Sabía que era misántropo, pero no misógino.

* * *

Dr. Foreman: Buscamos en todos lados.

Dr. Wilson: ¿Le echaste un vistazo a sus pechos?

Dra. Cameron: *[Mira a House.]*

Dr. House: *[Girando los ojos.]* Pff... ¡Hombres!

* * *

Dr. Foreman: ¿Por qué me molesta?

Dr. House: Es lo que hago... ¿ha empeorado últimamente?

Dr. Foreman: Sí, creo que sí.

Dr. House: ¿De veras? Eso descarta el racismo. Eres igual de negro que la semana pasada.

* * *

Dra. Cuddy: ¿Y si te despido por no hacer tu trabajo?

Dr. House: Estoy de nueve a cinco.

Dra. Cuddy: No has hecho ningún informe este año.

Dr. House: Mal año.

Dra. Cuddy: No atiendes a las consultas.

Dr. House: Pero doy buenas excusas.

* * *

Dr. House: Mientras intentes ser bueno puedes hacer lo que quieras.

Dr. Wilson: Y mientras tú no lo intentes, puedes decir lo que quieras.

Dr. House: ¡Entre los dos podemos gobernar el mundo!

* * *

[Los padres de un paciente se acercan a House mientras está en el café.]

Padres: ¿Cómo puede estar ahí sentado?

Dr. House: Es más cómodo que comer de pie.

* * *

Dr. House: Oh-oh. ¿Qué sucede?

Dra. Cameron: Estoy programando la centrifugadora.

Dr. House: Date vuelta. *[Ella se gira y es obvio que ha estado llorando.]* Qué cosa más triste, una centrifugadora sin programar. Me hace llorar a mí también.

* * *

Estudiante de medicina: ¡Está leyendo una historieta!

Dr. House: Y tú, enseñando los pechos con ese top tan escotado.

[La estudiante se queda sorprendida.]

Dr. House: Oh, lo siento. Creía que era un concurso de obviedades. Soy muy competitivo.

* * *

Dr. Wilson: No necesitas saberlo todo de todo el mundo.

Dr. House: Tampoco necesito mirar *The O.C.*, pero me hace feliz.

* * *

Dr. House: *[A Cameron.]* Perseverancia no es igual a resultados. La próxima vez que quieras atraer mi atención, ponte algo divertido.

* * *

Estudiante: ¿No se supone que debería escuchar nuestras historias de los pacientes?

Dr. House: No. Se supone que tengo les enseñe. Si puedo hacerlo sin escucharlos, mejor para mí.

* * *

Dra. Cuddy: ¿Robaste la prueba de otro paciente? ¡No puedo creer que lo hicieras!

Dr. House: ¿De veras? Suena exactamente como algo que yo haría.

* * *

[Viendo cómo House toma sus pastillas.]

Dra. Cuddy: Sabes, hay otras maneras de controlar el dolor...

Dr. House: ¿Me traerás a un tipo que me arregle el tercer chakra?

* * *

Dr. House: Su hígado se está cerrando.

Padre de paciente: ¿Qué? ¿Qué significa eso?

Dr. House: Que ya está mejor, se puede ir a casa.

Padre de paciente: ¿Qué?

Dr. House: ¿Qué cree que significa? No puede vivir sin un hígado, se está muriendo.

Padre de paciente: ¿Cuál es su problema?

Dr. House: Una pierna lisiada, ¿y el suyo?

* * *

Paciente: No me puedo sacar los lentes de contacto.

Dr. House: ¿Sacar de dónde? No las tiene en los ojos.

Paciente: Pero los tengo rojos.

Dr. House: Eso es porque está intentando arrancarse las córneas.

* * *

Paciente: No me apliqué esteroides, ni nada de eso.

Dr. House: Tus labios dicen no, tus bolitas dicen sí.

* * *

Dr. House: *[A Cameron.]* Una vez me dijiste que creo que siempre tengo la razón y he entendido que es verdad, que tienes razón.

* * *

Dr. House: ¿Cómo? ¿Dices que sólo tengo un amigo?

Dr. Wilson: Claro, si no quién...

Dr. House: ...Kevin, de archivos.

Dr. Wilson: Bueno, para empezar, su nombre es Carl.

Dr. House: Yo lo llamo Kevin, es su nombre clave de nuestro club de amigos secreto.

* * *

Dra. Cuddy: Le pusiste Lupron.

Dr. House: Ajá.

Dra. Cuddy: Y le dijiste que era algo parecido a la leche.

Dr. House: Sí.

Dra. Cuddy: ¿Hay alguna manera en la que esto no sea una mentira?

Dr. House: Tengo tres razones.

Dra. Cuddy: ¿Buenas?

Dr. House: Lo veremos en un minuto, aún me las estoy inventando.

* * *

Dr. Chase: ¿Cómo se sentiría si me metiera en su vida privada?

Dr. House: No lo soportaría. Por eso no tengo vida privada.

* * *

Dra. Cuddy: Necesito que te pongas tu bata de laboratorio.

Dr. House: Y yo necesito dos días de sexo salvaje con alguien mucho más joven que tú. Como la mitad de tu edad.

* * *

Dr. Wilson: Los ultrasonidos y la biopsia confirmaron nuestros peores temores. El tumor es extremadamente grande, al menos doce kilos.

Paciente: Oh, Dios mío.

Dr. House: ¡Alégrese! ¡Es el récord de la clínica!

* * *

Paciente: No estoy embarazada.

Dr. House: Lo siento, no puede decir eso sin tener un estetoscopio. Normas del hospital.

* * *

Dr. House: Vaya. La verdad es que me has dado mucho en lo que pensar. Si yo sólo fuera tan abierto como tú...

Dra. Cuddy: Bueno...

Dr. House: Estaba hablando de tu blusa.

* * *

Dr. House: Dejen al maestro que les enseñe cómo se hace. Mr. Park? Es el doctor House llamando del Princeton-Plainsboro Hospital en Nueva Jersey. Su hijo Harvey está muerto. Necesitamos que identifiquen el cuerpo. Sí, lo siento, es la ley. *[Cameron se queda congelada, Chase mira hacia el cielo, Foreman abre la boca.]* Esto de dar malas noticias es un auténtico arte.

Dra. Cameron: No puede mentirle sobre su hijo sólo para que se presenten.

Dr. House: Avísenme cuando Cuddy empiece a gritar.

* * *

Dr. Wilson: Sé tú mismo: frío, despreocupado, distante.

Dr. House: Por favor, no me pongas en un pedestal.

* * *

[Cuddy va tras House para anunciarle algo.]

Dr. House: *[Gritando en medio del hospital.]* ¡No quiero acostarme contigo nunca más! La primera vez fue lamentable, porque seas mi jefa no utilizarás mi cuerpo.

* * *

Dra. Cameron: *[Refiriéndose a Stacy.]* La mujer con la que vivía.

Dr. House: Eso es su nombre en hindú. En inglés es Stacy.

* * *

Dr. House: No me gusta decir nada malo sobre otros doctores, especialmente cuando se trata de un borracho tan torpe.

* * *

Dr. Foreman: Su nivel de saturación de oxígeno es normal.

Dr. House: Está un punto por debajo.

Dr. Foreman: Está dentro de los parámetros. Es normal.

Dr. House: Si su ADN estuviera un punto por debajo sería un delfín.

* * *

Dra. Cuddy: ¿Estás siendo torpe a propósito?

Dr. House: ¿Huh?

* * *

[Sobre Cuddy.]

Stacy: Lo está pasando mal, se siente responsable.

Dr. House: La palabra técnica es narcisismo. No puedes creer que todo es culpa tuya a menos que creas que eres todopoderoso.

* * *

[A un periodista.]

Dr. House: ¡En mi opinión, el Dr. Sebastian Charles es un completo idiota! Sí, puede citarme si quiere... C-U-D-D-Y.

* * *

[House acaba de hablar por teléfono con su madre.]

Dra. Cameron: ¿Quién era?

Dr. House: Era Angelina Jolie, le gusta que le llame mami, le pone cachonda.

* * *

Dr. Foreman: No tiene ninguna evidencia que apoye su diagnóstico.

Dr. House: Y eso es por lo que voy a parecer tan inteligente cuando resulte que tengo razón.

* * *

Dr. House: Está curado. Levántese y camine.

Paciente: ¿Está loco?

Dr. House: En la Biblia sólo dicen, «Sí, Señor», y se levantan.

[El paciente protesta pero finalmente se levanta, sorprendido.]

Paciente: ¿Cómo lo hizo?

Dr. House: ¿Cómo lo hizo, Señor?

* * *

Dr. House: Sólo porque él dice que le pegué no significa que sea verdad. Mira. *[Grita al cielo.]* ¡Estoy rodeado de animadoras desnudas! *[Nada ocurre.]* ¿Lo ves?

* * *

[El Dr. House está con Stacy cuando llega su marido.]

Mark: ¿Qué ocurre?

Dr. House: No es lo que piensas. Parece que estamos lavando los platos, pero hacíamos el amor en realidad.

* * *

Dr. Foreman: ¿Ha leído su historial?

Dr. House: Empecé, pero los personajes me parecieron demasiado planos.

* * *

Stacy: Si Chase falló gravemente, ¿por qué no lo despediste?

Dr. House: Me gusta su pelo.

* * *

Dr. House: No debería tener sexo durante un tiempo.

Paciente: ¿Durante cuánto tiempo?

Dr. House: Por el bien de la especie... se lo prohibiría para siempre.

* * *

Dr. Wilson: ¿Sabías que tenías el celular desconectado? No te he podido localizar durante horas ¿Es que nunca recargas la batería?

Dr. House: ¿Las baterías se recargan? Y yo comprando un celular nuevo cada día.

* * *

Dr. House: Fume dos cigarrillos al día, es una de las mejores formas de controlar la inflamación intestinal, y lo tranquilizará un 30% más.

Paciente: ¿Está bromeando?

Dr. House: En lo de tranquilizarlo sí, en lo demás no.

Paciente: ¿Fumar no es adictivo y peligroso?

Dr. House: Todo lo que receto es adictivo y peligroso.

* * *

[A un paciente que le corta el paso.]

Dr. House: Tengo un bastón y sé cómo usarlo.

* * *

Dr. House: Las cinco en punto, el doctor House se va.

Dra. Cuddy: Son las cuatro cuarenta y cinco.

Dr. House: Era para redondear.

* * *

Dra. Cameron: Mis opiniones no se toman en cuenta. No le gusto a nadie.

Dr. House: Le gustas a todo el mundo.

Dra. Cameron: ¿A ti también?

Dr. House: No.

* * *

Paciente: Las enfermeras hablan mucho de usted.

Dr. House: No les crea. Llevo un calcetín en los pantalones.

* * *

Dra. Cameron: Es tu cumpleaños, deberías estar contento.

Dr. House: ¿A qué has venido, a regalarme un pony?

* * *

Paciente: Lleva el cartel de «no molestar» pegado en la frente.

Dr. House: Vaya por Dios, les dije que lo clavaran en la puerta.

* * *

Dr. House: Está embarazada.

Paciente: Hace años que no me acuesto con nadie.

Dr. House: Pues inicie una religión.

* * *

[A un candidato negro a la presidencia de los Estados Unidos.]

Dr. House: No ganará. No la llaman Casa Blanca por la pintura, ¿sabe?

* * *

Dra. Cuddy: ¡El caso es hacerse la víctima!

Dr. House: Soy un pobre cachorrito huérfano, guau, guau, guau.

* * *

Dr. Foreman: Eres adicto al conflicto.

Dr. House: *[Mirando a su Vicodin.]* ¿Le cambiaron el nombre?

* * *

[A una paciente embarazada de su ex novio.]

Dr. House: ¿Su ex novio se parece a su marido?

Paciente: Sí.

Dr. House: Pues tenga al niño. No se enterarán. Pasa en las mejores familias. ¿Por qué no en la suya?

* * *

Dra. Cuddy: Tengo malas noticias para ti. Ella no te ama.

Dr. House: Estás fea cuando te pones celosa.

* * *

[Los médicos le dicen a House que deben amputarle la pierna y él se niega.]

Dr. House: Me gusta mi pierna, está conmigo desde que era un niño.

* * *

Dra. Cuddy: ¿¡Le miraste el pecho!?

Dr. House: Fue un examen médico. Estaba escuchando su corazón. Hacía algo así como: «Greg-House, Greg-House, Greg-House».

* * *

[Le llaman al celular, contesta.]

Dr. House: La casa de los lloriqueos de House, exponga su queja.

* * *

Dr. Foreman: ¿Escondes droga en el libro sobre el lupus?

Dr. House: Nunca es lupus.

* * *

Dr. House: Ya lo veo. Tiene siete años, es linda, no puede tener asquerosas bacterias come-carne, ¡Vamos a curarla con rayos de sol y peluches!

* * *

Dr. House: El 30% de los padres no saben que están criando al hijo del otro.

Dr. Foreman: He leído que la paternidad falsa no pasaba del 10%.

Dr. House: Eso es la cifra de las madres.

* * *

[House le dice a un político que tendrán que abrirle el cerebro.]

Dr. House: Será difícil porque los políticos no acostumbran llevarlo puesto.

* * *

Dra. Cuddy: Tomas demasiadas pastillas, los pacientes empiezan a hablar.

Dr. House: ¿De qué? ¿Acerca de que tu trasero peligra? No el mío, deberías cuidarte.

* * *

[Wilson aparece con una caja de bombones.]

Dr. House: ¿Bombones? ¿Por qué?

Wilson: Son para mi mujer.

Dr. House: No te he preguntado para quién son, sino con quién te estás acostando.

* * *

Dr. House: Tenemos un policía con herida de bala.

Dra. Cameron: ¿Le dispararon?

Dr. House: No, se la dieron en la sopa.

* * *

Dr. House: Resulta que tus opiniones no dan buenos resultados. Te aconsejo que uses las mías.

* * *

[Un paciente le explica a House una operación que le hicieron.]

Dr. House: Una historia fascinante, ¿ha pensado en adaptarla para el teatro?

* * *

[El equipo de House opina que un paciente debe dejar el hospital.]

Dr. House: A no ser que me hayan declarado el cuarto miembro del eje del mal invadido y ocupado, esto sigue sin ser una democracia. Se queda.

* * *

[En los baños del hospital.]

Dr. House: Eh, chico, ¿sabes lo que son las hemorroides? ¡Búscalo en Google! Y come menos donas y más cereales.

* * *

[House a Cuddy cuando ve que tiene un ayudante nuevo.]

Dr. House: ¿Para qué quieres un secretario, la agencia matrimonial no te funciona?

* * *

[House ha descubierto una infección en un paciente.]

Dr. House: Me encanta el olor a pus por la mañana. ¡Huele a victoria!

* * *

[A un familiar, antes de empezar la operación.]

Dr. House: ¿Puede salir un momento?

Familiar: ¿Por qué?

Dr. House: Porque me cae mal.

* * *

Dr. House: Las mujeres sin dientes siempre me han puesto cachondo.

Wilson: Eso es asqueroso.

Dr. House: Y eso gerontofobia.

* * *

[Sobre los correos electrónicos.]

Dr. House: No sé por qué la gente lee los e-mails, el botón de borrar está tan a mano...

* * *

Dra. Cameron: Mi tía Elisa vive en Filadelfia...

Dr. House: ¡Oh! Hora de los cuentos. Déjame ir por mi almohadita.

* * *

[Un hombre exige a House que cure a un paciente porque es su hermano.]

Dr. House: Entiendo que su hermano le importe, así que nada de placebos como a los demás, esta vez le daremos medicinas.

* * *

[Discutiendo con Cameron sobre un paciente.]

Dr. House: Administren inmunoglobina ya. Si mejora gano yo; si muere, tú.

* * *

Dr. Foreman: ¿Podemos hablar?

Dr. House: Claro.

Dr. Foreman: Doctor, Cameron es mi amiga...

Dr. House: Se acabó el tiempo, gracias por jugar.

4. Recetando música

A Holmes le encanta tocar el violín, y a House el piano. El doctor es un gran aficionado a la música y tiene una gran colección de canciones en su computadora. La música que escucha también define su personalidad. Para seguir el mismo estilo de vida de House, aquí tiene la banda sonora de su vida, una completa lista de todo lo que lleva en su iPod:

«Teardrop» de Massive Attack. Es la canción que aparece en los títulos de crédito de la serie. Es perfecta para lamentarse y fustigarse por todos sus problemas. consumir a ser posible con una botella de whisky y metido en la tina con agua hasta arriba.

«On Saturday Afternoons in 1963» de Rickie Lee Jones. Al final del piloto, House mira un partido de beisbol de uno de sus pacientes, ya recuperado. Un tema ideal para sentir nostalgia del pasado; en el caso de House, de cuando podía hacer deporte.

«One is the Loneliest Number» de Three Dog Night. Al final de «La navaja de Occam», cuando House logra resolver el caso de las pastillas amarillas. Un tema para sentirse vencedor pero al mismo tiempo abandonado y hundido por la soledad.

«Feelin' Alright» de Joe Cocker. House se sienta en su oficina justo después de tomar Vicodin y sonríe de placer. La canción es perfecta para evadir nuestros problemas y así nunca conseguir solucionarlos, para que nos acompañen toda la vida.

«I Never Saw it Coming» de Windy Wagner. En «Medicina deportiva», Foreman se da cuenta de que House tenía razón. Éste sonríe con malicia. Un tema para recordarnos a nosotros mismos que siempre, siempre, siempre (sin excepción) tenemos la razón.

«Got to Be More Careful» de Jon Cleary. Suena esta canción cuando Wilson y House se suben en el deportivo que un mafioso le ha regalado al doctor. En esta secuencia Wilson advierte a House de que no debe jugar con sus subordinados ni enfrentarlos.

«It's Okay to Think About Ending» de Earlimart. Cameron se despide del hospital y de sus compañeros. House les suelta: «¿Otro noble gesto de los tuyos?». Una canción que nos pide que lo pongamos todo en su sitio y dejemos las cosas claras.

«High Hopes» de Frank Sinatra. House llega a casa y mira la contestadora, la cual indica 12 mensajes pendientes. House no piensa contestar y tararea esta canción, que refleja toda la victoria que representa tener a alguien que gira a tu alrededor.

«I Call It Love» de Windy Wagner. En el bar, House confiesa a Wilson que no sabe si quiere que el marido de Stacy sobreviva a la operación. Una visión dramática del amor que evita que pensemos en él como algo sencillo, fácil y que mejorará nuestra vida.

«You Can't Always Get What You Want» de The Rolling Stones. Mick Jagger es uno de los fetiches de House y la primera temporada termina con este definitivamente negativo tema que nos recuerda que en la vida no todo es posible como en los cuentos.

«Mad World» de Gary Jules. Una canción que describe un mundo vacío sin ningún tipo de sentimientos ni de esperanza de futuro, suena en la computadora de House cuando éste recibe la visita de Chase en su oficina. Para renunciar a la humanidad.

«Delicate» de Damien Rice. La ruptura amorosa es retratada por Damien Rice como una larga y tortuosa caída al infierno. Suena este tema en una escena en la que House piensa en Stacy. Recuerde vivir en el pasado y anclado (y amargado) en él.

«Gravity» de John Mayer. Después de estudiar a una estudiante de medicina que pedía a House un poco de atención, el doctor se encierra en su oficina donde suena esta canción que nos propone encerrarnos en nuestro mundo interior y olvidarnos de los demás.

«Waiting on an Angel» de Ben Harper. Esperar a un ángel para que venga y lo rescate del mundo cruel que lo envuelve es el sueño oculto de House. Si en vez de solucionar su vida quiere esperar a que venga otro a ayudarle, grábese esta canción en la cabeza.

Agradecimientos

Para Carla, por ser el sol que me ilumina cada día y me ayuda a caminar por la vida con una sonrisa. Gracias por hacerme más feliz de lo que jamás habría podido imaginar.

Para mis padres, por su apoyo sincero en todos los aspectos de mi vida. Por saber estar siempre a mi lado cuando los necesito. Gracias por todo el amor que me han dado.

Para Glòria Gasch, directora editorial de Now Books y la mayor fan de House que he conocido. Por creer en mí desde el primer día a pesar de mis arriesgadas ideas.

Para mis amigos Jordi y Xavi, quizás sean lo más parecido a House que uno pueda encontrar en la vida real. Gracias por ser siempre tan brutalmente honestos.

Impreso y encuadernado por Edamsa Impresiones S.A. de C.V.
Av. Hidalgo No. 111, Col. Fracc. San Nicolás Tolentino
C.P. 09850, Del. Iztapalapa, México, D.F.